L'ESPAGNE VIVANTE

L'ESPAGNE VIVANTE

Collection " *Les Pays Modernes* "

CHAQUE VOLUME IN-8 ÉCU, BROCHÉ (*majoration comprise*) . . . 8 fr. »

La Roumanie nouvelle, par A. Muzet, ingénieur, chargé de mission en Orient, 21 photogravures et 1 carte.

L'Égypte moderne, par G. Lecarpentier, 21 photogravures hors texte et 1 carte.

La Grande Bretagne au travail, par J.-F. Herbert, ancien professeur à George Watson's College, et George Mathieu, de l'Agence financière française à Londres, 22 photogravures hors texte et 1 carte.

États-Unis — France, par Victor Cambon, 26 photogravures hors texte, carte et plan.

Au Maroc. *Marrakech et les Ports du Sud*, par le comte Maurice de Périgny. 26 photogravures et 2 cartes. — *Fès, la Capitale du Nord*, par le même. 25 photogravures hors texte et 1 carte. — *Casablanca, Rabat, Meknès*, par le même. 25 photogravures hors texte et 1 carte.

L'Italie au travail, par L. Bonnefon-Craponne, conseiller du commerce extérieur de la France, président de la Fédération industrielle d'Italie. 26 photogravures hors texte et 1 carte.

La France au Travail. — I. *Lyon, Saint-Étienne, Dijon, Grenoble*, par Victor Cambon, ingénieur E. C. P., 20 photogr. hors texte et 1 carte. — II. *En suivant les côtes : de Dunkerque à Saint-Nazaire*, par M.-A. Hérubel, docteur ès sciences, 20 photogravures et 1 carte. — III. *Bordeaux, Toulouse, Montpellier, Marseille, Nice*, par Victor Cambon, ingénieur E. C. P., 23 photogr. et 1 carte.

La Belgique au Travail, par J. Izart, ingénieur civil, 20 photogravures hors texte.

La Russie et ses richesses, par Étienne Taris, ingénieur, ancien élève de l'École polytechnique, 24 photogravures hors texte et 1 carte (5ᵉ *édition, revue et augmentée*).

Aux Pays balkaniques après les guerres de 1912-1913, par A. Muzet, ingénieur civil, 26 photogravures hors texte, 1 carte (2ᵉ *édition*).

L'Allemagne au Travail, par Victor Cambon, ingénieur E. C. P., 20 photogravures hors texte.

Les derniers progrès de l'Allemagne, par Victor Cambon, ingénieur E. C. P., 21 photogravures hors texte, graphique et plans.

Le Canada : *Empire des blés et des bois*, par A.-G. Bradley, traduit par G. Feuilloy, 20 photogravures hors texte et 1 carte (8ᵉ *édition*).

L'Amérique au Travail, par J. Foster Fraser, traduit par M. Saville, 32 photogravures hors texte.

Le Mexique moderne, par Bigot, ingénieur A.-M., 26 photogravures hors texte.

Panama : L'œuvre gigantesque, par J. Foster Fraser, adapté de l'anglais par G. Feuilloy, 20 photogravures hors texte et 1 carte (5ᵉ *édition*).

Les Cinq Républiques de l'Amérique centrale, par le comte M. de Périgny, 26 photogravures hors texte, 1 carte (*nouvelle édition, revue et corrigée*).

L'Argentine moderne, par W. H. Kœbel, traduit de l'anglais par M. Saville et G. Feuilloy, 24 photogravures hors texte (9ᵉ *édition*).

Au pays de l'or et des diamants, par H. H. Fyfe, *Cap, Natal, Orange, Transvaal, Rhodésie*, adapté de l'anglais par G. Feuilloy, 22 photogravures hors texte et 1 carte (4ᵉ *édition*).

L'Australie : Comment se fait une nation, par J. Foster Fraser, adapté de l'anglais par G. Feuilloy, 20 photogravures hors texte, 1 carte (7ᵉ *édition*).

La Chine moderne, par Edmond Rottach, 26 photogravures hors texte, 1 carte.

A travers la Hollande, par Léon Gérard, 48 illustrations à la plume par J.-B. Heukelom. 1 volume in-8.

« LES PAYS MODERNES »

EUGÈNE JOLICLERC

L'ESPAGNE VIVANTE

PRÉFACE

DE

V. BLASCO IBÁÑEZ

21 PHOTOGRAVURES HORS TEXTE
ET 1 CARTE

PARIS

PIERRE ROGER ET Cⁱᵉ, ÉDITEURS

54, RUE JACOB, 54

DU MÊME AUTEUR

Grammaire espagnole, par H. GAVEL et E. JOLICLERC. — *G. Beauchesne*, éditeur. — 1 volume . . . . **9** fr. »

La Méthode pratique, par E. JOLICLERC et différents professeurs de l'Université : vocabulaires pour l'enseignement de l'anglais, de l'espagnol, de l'allemand, de l'italien. — *Croville*, éditeur. — Chaque cahier . . . . **2** fr. **50**

El Método completo (versions espagnoles et thèmes d'imitation). — *G. Beauchesne*, éditeur. — 1 volume. **6** fr. »

PRÉFACE

AU LECTEUR

Voici un livre intéressant parce qu'il décrit avec exactitude l'état présent d'une nation qui fut dans le passé une des plus grandes que l'histoire ait connues. Et c'est en même temps une œuvre d'impartialité et de justice.

Il semble que tous les peuples se croient obligés de s'ignorer les uns les autres et même de se calomnier quand l'un doit parler de l'autre. La dernière guerre a bien prouvé à quel point les nations s'ignoraient, aussi bien dans leurs vertus que dans leurs défauts mutuels. Ce cataclysme leur apprendra peut-être à se connaître un peu mieux, mais l'humanité ne profite qu'à demi des leçons de l'histoire, et il est possible qu'une fois le conflit passé chaque peuple se réfugie encore sous le caparaçon de ses erreurs traditionnelles, rabaissant ou ignorant le voisin.

La France est limitrophe de l'Espagne, et cependant on peut les compter les Français qui ont un notion approximative de ce qu'est actuellement le peuple espagnol. Mais l'Angleterre et les États-Unis, malgré leur importance présente, ne sont pas mieux connus des Français que l'Espagne. Un infini d'idées préconçues ou fausses, de *clichés* fabriqués il y a deux ou trois générations servent à imaginer la physionomie actuelle des peuples étrangers.

Le Français continue à voir l'Espagne comme l'ont vue ses écrivains dans leurs voyages il y a quatre-vingts ou cent ans ou peut-être comme ils ont voulu se la représenter sans quitter leur fauteuil.

Tout Espagnol doit être un fanatique en matière religieuse, qui mêle dans son existence la volupté et la mort ; un enthousiaste du sang et de l'amour, qui pince de la guitare, joue du poignard vengeur, et surtout un vagabond qui se nourrit d'oranges et de chansons, et ne travaille jamais.

Il faut ajouter que l'Espagnol n'est ni plus exact ni plus véridique en se représentant ses voisins les Français selon les idées dont il a hérité. Il y a une minorité instruite qui sait bien ce qu'est la France et comment vivent ses habitants, mais, pour le vulgaire, un Français est un être qui manque de sérieux et qui parle beaucoup pour ne rien dire, qui emploie la *blague* à tout instant comme si le monde avait été créé uniquement pour le divertir. Et quant à la Française, il la voit toujours une jambe en l'air, dansant

un quadrille excentrique, une coupe de champagne à
la main.

Cette image du peuple français (car ce ne sont pas
les Espagnols qui l'ont inventée, — moi qui ai parcouru
quelque peu le monde, je l'ai trouvée répandue dans
bien des endroits) est fausse et stupide. Mais au même
niveau est l'image que tout Français peu instruit se
forge de l'Espagnol, le croyant un hidalgo sanguinaire
et orgueilleux, la poitrine couverte de reliques ; quant
à la femme espagnole, il la voit toujours un œillet à la
bouche et un poignard à la jarretière.

Nous autres, Espagnols, on nous croit tous intensément bruns, alors qu'en Espagne il y a des provinces
entières où les gens ont la peau blanche et les cheveux blonds.

Pour beaucoup de Français, toutes les Espagnoles
sont des « Carmen » et le plaisant de l'affaire, c'est
que Carmen n'a jamais été Espagnole. Celle de l'O-
péra peut le paraître, pantin conventionnel de théâtre
que connaît le vulgaire, mais la véritable Carmen, celle
de Prosper Mérimée, est une Bohémienne qui parle
dans son argot plus qu'en espagnol ; une vagabonde
qui est née sur la terre d'Espagne, comme elle pourrait être née dans une baraque de la foire de Neuilly.
L'unique type espagnol du roman (Espagnol du Nord)
est le soldat Don José son amant.

Voir dans Carmen la femme espagnole est aussi

absurde que si les Espagnols prétendaient voir la Française dans une *romanichelle*, de celles qui vont de foire en foire dans une roulotte.

A l'époque du romantisme, pour les écrivains amis de la couleur, l'Espagne fut une terre de prédilection. L'Espagne de 1830 était en effet une nation arriérée au milieu du progrès de l'Europe, pour différentes causes que je ne crois pas nécessaires d'expliquer ici. Depuis lors, l'Espagne a beaucoup prospéré, mais en France, les pages brillantes de ses écrivains demeurent et le public continue à voir la Péninsule telle que ceux-ci l'ont décrite. L'influence littéraire et trompeuse vient parfois de plus loin. Les lettrés connaissent les auberges de *Don Quichotte* où logeait la faim, les chemins pleins de bandits de *Gil Blas*, et, pour paraître érudits, évoquent leurs souvenirs à tort et à travers, toutes les fois qu'ils parlent de l'Espagne actuelle.

En outre existe cette maudite géographie que nous portons tous dans notre tête : celle que j'appellerai « géographie pittoresque », d'après laquelle l'Anglais est forcément un monsieur grave et rude qui mange quatre fois par jour et qui est ivre à huit heures du soir ; l'Italien, un homme maigre, olivâtre, à la longue crinière, qui se nourrit de macaroni et joue de la mandoline ; le Français et la Française, ce que j'en ai dit plus haut, et l'Espagnol un marmotteur de priè-

MADRID. — Porte d'Alcala.

res, et un chanteur de sérénades, qui déteste le travail et fait la sieste à toute heure.

Non : l'Espagnol travaille comme travaillent tous
les hommes dans les pays modernes. J'irai même jusqu'à dire qu'il travaille plus que les autres, et à des
conditions moins douces, à cause des erreurs du passé.
L'intensité même de la lutte sociale qui se développe
en Espagne en ce moment entre ouvriers et patrons,
montre que là-bas il y a du travail et des industries
comme en n'importe quelle autre nation de l'Europe.

L'Espagne n'a pas la prétention de figurer parmi
les premières puissances industrielles du monde ;
mais presque tous les produits nécessaires à sa vie,
elle les fabrique elle-même et elle demande seulement
à l'importation les matières premières ; ce que font
aussi d'autres peuples qui se considèrent supérieurs
à elle. L'excédent de sa production s'en va à travers
le monde, mais avec des marques mensongères que
lui donnent les commerçants étrangers. Un exemple :
beaucoup, qui, à Paris, croient être vêtus de riches
draps anglais, portent en réalité des draps tissés dans
la province de Barcelone.

Je ne veux pas me mettre à décrire en détail le
mouvement manufacturier de la Catalogne, l'agriculture fameuse de Valence, les industries métallurgiques des provinces du Nord, etc.

L'auteur de ce livre dit à ce sujet l'exacte vérité.

M. Joliclerc a su voir l'activité de l'Espagne moderne : une Espagne qui ne songe pas à redevenir la première nation de l'Europe comme le fut l'Espagne d'il y a quelques siècles, mais qui ne veut pas non plus figurer parmi les nations de troisième ordre.

Ennemie des aventures guerrières et des exploits audacieux qui créèrent sa gloire romantique en d'autres siècles, l'Espagne travaille actuellement à être de plus en plus riche dans l'avenir, pour rattraper le temps où ses fils travaillaient peu.

C'est là un travail que nous pourrions appeler double.

Ses chemins de fer (qui, soit dit en passant, sont aux mains de Français pour la plupart) ne sont pas inférieurs à ceux d'autres pays, et ils ne sont pas tels que veulent les décrire certains voyageurs « amis du pittoresque » qui, dès qu'ils passent la frontière espagnole, s'entêtent à voir les choses d'après leurs idées toutes faites.

L'Espagne est avec la Suisse le pays le plus montagneux de l'Europe. Les voies ferrées ont des rampes audacieuses. On ne peut sur elles faire de la vitesse comme à travers les plaines du centre et du sud-ouest de la France.

En outre, dans tous les pays, il y a des lignes principales et des lignes secondaires, et très souvent les écrivains étrangers font de l'esprit en se moquant de la lenteur de tel ou tel chemin de fer privé de trafic qu'ils prennent pour aller visiter une ville en ruines, très intéressante, mais en dehors du mouvement général.

En France, les voies qui partent de Paris et s'épanouissent comme les lamelles d'un éventail du nord au sud sont magnifiques. Mais qu'on essaie d'aller de l'est à l'ouest ou réciproquement par les voies transversales ! Moi-même, je fis un voyage de ce genre, et c'était avant la guerre : je jure que j'évoquai avec nostalgie les chemins de fer espagnols.

Les fameuses « ventas » sont aujourd'hui des palaces à l'américaine aussi bons que ceux de Paris... quand ceux-ci sont bons : car il y en a aussi de très mauvais. La vie moderne avec tout son confort n'est plus maintenant comme jadis le secret de la France seule.

Les modes changent avec les années. Aujourd'hui le monde vit à l'américaine, danse à l'américaine, commence à faire ses affaires à l'américaine et l'Espagne comme les autres nations de l'Europe n'a pas échappé à cette influence.

Les maisons que l'on construit maintenant à Madrid et dans les nouveaux quartiers de toutes les grandes villes espagnoles possèdent les mêmes attraits d'hygiène et de commodité que les plus belles constructions de Paris.

*
* *

L'Espagne eut réellement de longs siècles de décadence.

« Décadence » n'est pas le mot exact. Il vaudrait mieux dire « anémie »,

Les historiens ont discuté abondamment les causes de cette décadence, les attribuant aux longues guerres soutenues par l'Espagne, à son fanatisme religieux, etc... d'autres nations ont soutenu des guerres analogues ou ont subi les effets de fanatismes semblables sans tomber pour cela aussi bas que l'Espagne.

Non : la véritable raison de son anémie ne fut aucune de celles que je viens d'exposer.

Elle perdit son importance mondiale en vertu d'un principe d'équité qui fait passer l'hégémonie d'un peuple à un autre. Dans la vie individuelle, la fortune et le talent ne se perpétuent pas dans la même famille pendant plusieurs générations. Le petit-fils du millionnaire se ruine et l'arrière-petit-fils finit vendeur de journaux dans les rues. Il en est de même avec les nations. Le peuple qui est puissant aujourd'hui, peut-être ne sera rien dans trois siècles.

L'Angleterre, pendant tout le dix-neuvième siècle, a été la régente de l'Europe et du monde. Ses ennemis croient que sa décadence a maintenant commencé ;

mais, même s'il en était ainsi, il n'en est pas moins vrai qu'elle a régné sur le monde pendant cent ans.

L'Espagne a joui d'une hégémonie mondiale beaucoup plus longue, puisque sa grandeur a duré à peu près cent cinquante ans.

Sa chute fut aussi bruyante et profonde que son ascension avait été puissante et universelle.

Cette chute demeure aussi inexplicable et aussi confuse pour l'historien que l'est pour le médecin la faiblesse physique de la mère d'une nombreuse famille. A la fin, le médecin découvre que la véritable cause du mal est l'épuisement produit par la mise au monde de nombreux enfants.

L'Espagne fut une mère trop généreuse de son sang : telle est la simple cause de sa décadence. L'Espagne fut une mère trop féconde. Elle donna la vie à vingt peuples de l'autre côté de l'océan, et, ce qui est pire, ce fut son sein qui les allaita tous.

Ces vingt rejetons robustes et voraces, de toute la force de leur jeunesse, la sucèrent jusqu'à la moelle des os.

L'Espagne a été la plus ardente rénovatrice de la grandeur humaine. L'homme vivait enraciné pour toujours dans un coin de la terre sans connaître le reste du monde. Il était comme un malade confiné dans quelque pièce d'un vieux palais, — toujours la même — sans savoir ce qu'il y avait au delà des portes ni aux étages supérieurs. L'Espagne ouvrit rudement les fenêtres, faisant entrer l'air d'un nouveau monde. Donnant la main à l'homme civilisé, elle le promena à travers les étages de la planète qu'il habite. Puis l'entraînant au dehors, elle lui fit faire le tour de son palais.

Elle découvrit le continent américain, le peupla de blancs en majeure partie et le civilisa d'après la civilisation d'alors. Elle réalisa pour la première fois le voyage autour de la terre.

Elle ne donna pas davantage au nouveau monde parce que, à cette époque, il était impossible de donner plus. Mais elle donna beaucoup. Le pain et la viande que l'Européen reçoit aujourd'hui d'Amérique ont leur origine dans le premier grain de blé, la première vache et la première brebis que les conquérants espagnols emmenèrent là-bas au milieu des efforts et des souffrances auprès desquels pâlissent les aventures des chercheurs de la Toison d'or. Les conquérants furent rudes, d'une dureté comparable seulement à l'étendue énorme du territoire qu'ils devaient soumettre et civiliser. Mais, aussitôt après les violences de l'occupation guerrière, ils établirent le christianisme qui représentait le plus grand des progrès pour des peuples indigènes accoutumés aux sacrifices humains et même en quelques endroits à l'anthropophagie.

J'ai parcouru un grand nombre des républiques actuelles de l'Amérique qui parlent espagnol et, en les voyant de près, j'ai pu me rendre un compte exact de l'anémie et de la saignée que subit l'Espagne[1]. On voit mieux les choses quand on les examine directement que lorsqu'on ne les connaît qu'à travers les livres.

Cette Amérique que nous pouvons appeler de langue espagnole est énorme : elle occupe plus d'un quart de notre planète ; elle s'étend depuis la moitié inférieure des États-Unis où les villes, les fleuves et les chaînes de montagnes ont des noms espagnols, où la masse populaire conserve encore la langue espagnole dans ses foyers comme langue de la famille jusqu'au cap Horn, point extrême de la terre américaine. Elle embrasse les deux tropiques et une grande partie de la zone froide. Et ce monde, c'est l'Espagne qui l'a peuplé, rien qu'avec des Espagnols!... La monarchie espagnole suivant les pratiques égoïstes et méfiantes de la politique d'alors refusa l'entrée du Nouveau Monde aux hommes des autres nations.

Pendant trois siècles, l'Espagne envoya expédition sur expédition dans ses possessions d'outre-océan. Et comme les hommes qui émigrent sont toujours les

1. Quand l'Espagne découvrit l'Amérique, elle avait de 18 à 20 millions d'habitants. A la fin du dix-septième siècle, ses habitants n'étaient plus guère que 7 ou 8 millions.

plus audacieux et les plus courageux, le peuple espagnol se dépouilla de ses éléments les plus énergiques et les plus vitaux pour fortifier l'immense Espagne de l'autre côté de l'océan.

A l'heure actuelle, les qualités belliqueuses et chevaleresques des Espagnols des autres siècles se rencontrent plus encore que dans la Péninsule dans quelques républiques hispano-américaines un peu arriérées, où le caractère audacieux de l'ancien conquistador persiste chez les chefs blancs ou métis fauteurs de révolutions.

Dans mes voyages à travers l'Amérique, j'ai visité des pays dont les habitants vivent sous une température tropicale, parmi de magnifiques jardins naturels. Le Président portait un nom de héros de comédie de Lope de Vega ou de Calderón; ses ministres et les autres personnages de la République étaient de même origine; les dames brunes aux yeux immenses paraissaient être de Séville; les villes avaient des places à arcades et de vieux palais comme à Tolède ou à Ségovie. Ensuite, je vis d'autres républiques avec des villes à 2 ou 3 000 mètres d'altitude, où il est difficile de respirer, à côté de volcans couverts de neige qui occupent presque tout l'horizon : et le Président s'appelait aussi comme les hidalgos du théâtre classique, et les belles dames semblaient andalouses et les rues et les places avaient le même vieil air espagnol.

Et cela se rencontre depuis bien avant le tropique du Cancer jusqu'à l'océan Antarctique; depuis les orangers de Californie jusqu'aux montagnes glacées de la Terre de Feu. Et tout ce monde de vingt nations, — sans compter de nombreuses îles éparses dans les solitudes du Pacifique, — c'est l'Espagne qui l'a peuplé, l'Espagne toute seule, dissolvant dans les torrents de son sang procréateur le cuivre natif des indigènes.

Après un tel effort, on comprend son épuisement.

L'Espagne actuelle s'est remise de cette anémie. A présent, elle n'a plus qu'à songer à sa propre vie en Europe. Elle est comme un père qui voit ses fils établis et qui croit l'heure arrivée de penser à lui-même.

Aucun Espagnol n'éprouve de tristesse à se rappeler l'empire colonial perdu. Ce fut pour l'Espagne un fardeau supérieur à ses forces.

Elle eut l'empire colonial le plus grand de la terre à une époque où aucune nation ne pensait encore à être colonisatrice, elle subit l'infortune de tout précurseur. Ceux qui vinrent après elle apprirent à éviter ses erreurs. En outre, elle dut faire tout par elle-même, lutter avec les difficultés d'une époque où la navigation était à son berceau, peupler de ses propres enfants les pays découverts.

La France, par exemple, qui s'est créé un empire colonial pendant ces cinquante dernières années, pos-

sède les grands moyens de communication et de colo-
nisation que procure le progrès moderne. De plus,
elle profite de l'émigration. En Algérie, les Espagnols
et les Italiens ont travaillé autant ou plus que les
Français.

*
* *

Mais si l'Amérique fut la cause de l'épuisement de
l'Espagne, elle est à présent une garantie de son im-
mortalité.

Même si la péninsule espagnole disparaissait tout
à coup sous les eaux, par suite d'un cataclysme tellu-
rique, l'Espagne ne mourrait pas pour cela, car ses
traditions, son caractère, sa langue, son âme existent
de l'autre côté de l'océan, dans une grande partie de
l'Amérique du Nord, dans toute l'Amérique du Centre
et dans presque toute l'Amérique du Sud.

Il existe une Espagne que nous pourrions appeler
spirituelle. Elle se compose de vingt et une nations
(vingt en Amérique et une en Europe), outre de nombreuses îles qui dépendent politiquement d'autres
peuples. Tous ces pays qui parlent la langue espagnole sont en quelque sorte des États-Unis qui ont
pour président perpétuellement élu, un génie littéraire : Don Miguel Cervantes de Saavedra.

L'Espagnol d'Europe peut s'embarquer sur ses côtes
atlantiques, et là où il dirigera sa proue, là où il

débarquera, presque toujours s'avanceront à sa rencontre sa race et sa langue.

La langue espagnole n'a pas seulement une importance littéraire : c'est une langue de longue vie, d'éternelle jeunesse, une langue qu'un homme d'affaires peut appeler « d'avenir ».

Quatre-vingts millions d'êtres la parlent, et ce nombre va grandissant avec une rapidité vertigineuse. La raison de cette rapidité est que ceux qui emploient cette langue sont des peuples jeunes qui attirent les émigrants et les étrangers qui arrivent sans cesse en Amérique augmentent le nombre de ceux qui parlent l'espagnol. Ces peuples sont comme un moule qui reçoit le métal humain venu de toutes les extrémités de la terre et lui donne une forme.

Aussi l'étude de l'espagnol qui, jusqu'à ces dernières années, était le privilège unique des philologues et des amants de la robuste littérature espagnole, figure maintenant comme quelque chose d'indispensable dans les programmes d'études de toutes les nations que nous pouvons qualifier de « pratiques ».

Avant la guerre, l'Allemagne étudiait l'anglais et ensuite l'espagnol, non pas pour l'Espagne, mais à cause des nations hispano-américaines.

Les États-Unis sont maintenant le peuple qui se préoccupe le plus de l'étude de l'espagnol.

J'ai parcouru toute la grande république de l'Union,

du nord au sud, de l'est à l'ouest, faisant des conférences en espagnol dans les universités et dans les théâtres. Dans quelques endroits, j'avais besoin de l'aide d'un interprète. Dans d'autres, j'ai parlé devant quatre et cinq mille personnes directement. Tout le monde me comprenait.

L'année dernière, dans les écoles municipales de New-York, il y avait vingt-huit mille élèves pour étudier l'espagnol, vingt-deux mille pour le français et treize mille pour l'italien. Et il faut remarquer que ni à New-York, ni dans tous les États-Unis, il n'y a d'émigration espagnole. Celle-ci préfère les nombreux pays américains de sa langue.

On comprend l'intérêt qu'éveille maintenant la langue espagnole.

L'Amérique est la jeunesse du monde ; l'Amérique est l'espérance de l'humanité, selon l'opinion de beaucoup.

Or, à l'exception du Brésil qui parle le portugais (un dérivé de l'espagnol), toutes les nations qui forment le continent américain — c'est-à-dire un hémisphère complet de la terre — parlent seulement deux langues : l'anglais et l'espagnol.

Leurs habitants sont d'origines ethniques diverses. Tous les peuples d'Europe ont envoyé à ces deux Amériques leurs excédents de population. Mais la langue les unifie peu à peu. De plus, les émigrants meurent, laissant leurs fils à la terre qui les accueillit, fils qui adorent avec la ferveur des néophytes cette nouvelle patrie et s'expriment seulement dans son idiome national.

La langue façonne l'âme de celui qui la parle. Nous appartenons à la langue que nous parlons plus encore qu'au morceau de sol où nous naissons.

Et le Nouveau Monde qui représente l'avenir appartient aux Anglais, non nés en Angleterre, et aux Espagnols non nés en Espagne.

Vicente BLASCO IBÁÑEZ.

Paris, janvier 1921.

Avant-Propos

Qui ne connaît l'opinion de cet Anglais, descendu à Boulogne dans une hôtellerie où la servante était rousse, et qui note immédiatement sur son carnet de voyage : « Ici, toutes les femmes sont rousses » ? Il faut, surtout en parlant de l'Espagne, se garder de généraliser à la manière de cet insulaire et ne pas dire hardiment, parce qu'on a aperçu deux ou trois ouvriers se reposant... un peu longuement : « Ici, les ouvriers sont des gens qui attendent que l'ouvrage se fasse tout seul. » Non, il suffit d'avoir vu à l'œuvre les travailleurs du pays basque, de la Catalogne, de la Huerta et de bien d'autres régions, pour avoir de l'Espagne une tout autre idée. Une hirondelle ne fait pas le printemps, et il est temps de détruire la légende qui fait de l'Espagne la terre du passé. Des tombes les fleurs surgissent, orgueilleuses de vie ; l'Espagne d'autrefois, sans être morte — car les idées sont éternelles — est comme le vieux phénix qui renaissait de ses cendres. Façonnée par sa langue, une civilisation nouvelle enrichie des acquisitions et des expériences de vingt peuples plus jeunes est encore à son berceau ; le vieux monde ne lui suffisant pas, sa vitalité a débordé sur un continent neuf, et des races vigoureuses, aux rejetons puissants, crient bien haut à la jeune aïeule qu'elle est immortelle, puisqu'elle demeure toujours et que ses fils chantent son divin langage.

Étudions donc l'Espagne vivante, celle qui travaille, la seule intéressante. Laissons les voyageurs romantiques s'imaginer qu'elle continue à s'incarner dans la Carmen que l'art a rendue éternellement jeune, et qui ne voient pas que sous la « capa » séculaire se dissimule la moderne « salopette » annonciatrice des temps nouveaux. Qu'ils dorment dans le passé, ceux qui sont atteints du sommeil des morts! L'âme d'une nation est faite d'une collectivité d'énergies, les inutiles ne sont que des ombres au tableau, mais qui ne rendent que plus saisissants les personnages de premier plan. Ce sont ceux-là qu'il faut voir, admirer, imiter.

La renaissance de l'Espagne, son rayonnement au dehors, tel est l'objet que nous nous sommes proposé d'étudier dans ce livre qui n'est pas un guide au sens propre du mot, ni un ouvrage d'aride documentation, mais qui n'aspire qu'à être le bréviaire de ceux qui veulent savoir, connaître et aimer.

Si sa lecture inspire le désir d'aller visiter l'Espagne nouvelle, celle qui ne se contente pas de reposer dans son beau passé, mais qui vit d'une vie chaque jour plus ardente, l'auteur n'aura pas perdu son temps, il aura conduit le lecteur dans un des plus beaux pays du monde, où, s'il faut en croire saint Jacques, nulle femme n'est plus belle sous un plus beau ciel.

MADRID. — Porte du Retiro.

L'Espagne vivante

CHAPITRE PREMIER

A travers les âges

Prétendre renfermer l'histoire de l'Espagne en un tout petit nombre de pages serait vain et ridicule. Mais on peut essayer, tout au moins, d'en tracer les grandes lignes et d'en délimiter le contour par quelques traits, suffisamment nets pour fixer les idées en même temps que suffisamment précis pour retenir l'intérêt.

L'Espagne a été, sinon plus que tout autre pays, du moins plus que beaucoup d'entre eux, une terre d'héroïsme. Ce caractère se manifeste déjà aux temps reculés où Carthaginois et Romains s'en disputaient le territoire. On connaît la tragique histoire du siège de Numance. Le jour où les Numantins, découragés, demandèrent enfin à traiter, Scipion leur imposa des conditions terribles. Plutôt que de les subir, les Numantins massacrèrent leurs envoyés qui les leur avaient rapportées, recommencèrent à combattre et en vinrent, pressés par la faim, à se nourrir de chair humaine. Tant d'énergie ne fut pas récompensée par la victoire : Scipion s'empara de la ville, la rasa entièrement et passa la plupart des habitants au fil de l'épée.

Vandales, Suèves, Alains, Wisigoths envahirent tour à tour la péninsule. Mais aucune de ces invasions ne fut aussi mémorable que celle dont l'année 710 marqua le début : celle des Arabes. Très peu d'années après, ils occupaient le territoire entier de la péninsule, à l'exception de la province actuelle des Asturies. Léon est la seule ville importante de l'Espagne qui se vante de n'avoir jamais subi le joug détesté. L'Espagne n'est plus alors qu'une partie du califat de Damas, qui se détache ensuite pour devenir plus autonome et constituer le califat de Cordoue.

Cependant le petit royaume goth du nord-ouest parvenait peu à peu, à force de patience et d'obstination, à s'accroître lentement aux dépens des califes. Toute l'histoire de l'Espagne pendant sept longs siècles ne va être que celle de la *Reconquista*, la sainte, la tenace Reconquête du sol. On comprendra, en songeant quelle angoisse c'était pour l'Espagnol de sentir sa terre aux mains infidèles, avec quelle sereine et méthodique volonté le peuple entier entreprit cette croisade de sept cents ans. Le Cid Campeador, personnage historique, d'ailleurs embelli par la légende, est la plus célèbre figure et comme le symbole même de cette lutte dont la grandeur sauvage se révèle par mille traits qui ne manquent certes pas de couleur. C'est Isabelle, jurant devant les murs de Grenade, qu'elle ne changera pas de vêtements jusqu'à ce que la ville tombe. C'est Guzman el Bueno, gouverneur de Tarifa, dont le fils est aux mains des Maures : ceux-ci, par un odieux chantage, menacent de tuer l'enfant si le père ne livre pas la cité. Sans faiblir, il jette lui-même, du haut des remparts, le couteau qui doit immoler l'enfant. Toute la ville, sauf lui, contemplait le tragique spectacle. A l'instant où le sacrifice s'accomplit, s'élèvent des cris d'horreur. Au bruit, Guzman accourt, puis, froidement : « Je croyais, dit-il, que c'étaient les Maures qui entraient dans la ville. »

Au cours de ces incessants combats, se cimentaient dans le sang les bases des royaumes de Castille, — ce dernier appelé aussi Castille-et-Léon, — de Navarre et d'Aragon, tandis que l'empire musulman en Europe se réduisait au royaume maure de Grenade. Le mariage de Ferdinand et d'Isabelle unissait les couronnes de Castille et d'Aragon, constituant ainsi un premier noyau du futur royaume d'Espagne.

Le dénouement de cet implacable duel fut, en 1492, la prise de Grenade. Toutefois, la puissance des infidèles était loin d'être abattue. La victoire navale de Lépante, remportée par don Juan d'Autriche en 1571, porta un coup terrible aux musulmans. Mais ce fut

seulement en 1609 que les Maures furent définitivement chassés de la Péninsule.

Les plus fabuleuses destinées attendaient ce peuple
qui avait vu l'étranger souiller si longtemps son territoire. Plus d'un siècle avant qu'il ne l'eût tout à fait
rejeté, les caravelles de Christophe Colomb sillon-
naient hardiment les mers à la recherche d'un monde
nouveau. Déjà :

> Il regardait monter dans un ciel ignoré,
> Du fond de l'océan, des étoiles nouvelles.

Cette aventure invraisemblable — une moitié de la
terre s'ajoutant d'un seul coup à l'empire d'un
monarque — l'Espagne l'a vécue. Les trésors du Nouveau Monde roulèrent en torrents sur l'Ancien. Comment l'Espagne, cette nouvelle riche, eût-elle pu se
garder de la corruption, de la mollesse, de l'orgueil,
de tous les vices qui sont la sinistre rançon de l'argent ?
Ferdinand le Catholique a un fils, Charles. Et ce
Charles devient Charles-Quint, empereur. Et le soleil
ne se couche jamais sur ses États. L'aigle de Charles-
Quint, à Pavie, saisit dans sa serre son rival François Ier, et, avec une volupté féroce, l'emporte et le
tient captif à Madrid.

Grandeur de Charles-Quint, puissance de Philippe II ! Trois ou quatre fois seulement, l'Histoire en
a connu de semblables. Comment douter que tout cela
soit éternel ? Tout sur terre appartient aux princes...

Oui, tout sur terre appartient aux princes... hors le

vent[1] ! Le vent qui dispersait à cette heure l'Invincible Armada et ruinait le colosse aux pieds d'argile ! Il y a peu d'exemples d'une décadence aussi rapide, aussi profonde après une telle prospérité. Bientôt, la souche dégénérée de la maison d'Autriche manquera même d'un rejeton.

Quand le petit-fils de Louis XIV monte sur le trône d'Espagne, ce peuple si fier, si particulariste, si « national », copie les mœurs, les institutions, la littérature française, dans un hommage assurément très flatteur pour la France, mais où il cesse d'être lui-même. Le dix-huitième siècle espagnol est très terne.

En 1808, Napoléon, profitant des luttes intestines qui déchiraient la cour de Madrid, déposa Ferdinand VII et plaça sur le trône d'Espagne son frère Joseph. Il ne se doutait pas que la guerre féroce qui allait en être la conséquence serait une des causes profondes de sa propre ruine. Il rendit, d'ailleurs, plus tard, la couronne à Ferdinand VII. Comme celui-ci n'avait pas d'enfants, son frère, don Carlos, avait conçu l'espoir assez justifié de lui succéder. Mais Ferdinand, ayant épousé en quatrièmes noces Marie-Christine, en eut deux filles et, par un véritable coup d'État, abolissant en leur faveur l'acte de 1713, par lequel Philippe V, conformément à la loi salique, avait écarté les femmes de la succession royale, il

1. Voir Victor Hugo. *Légende des Siècles. La rose de l'Infante.*

désigna pour héritière de sa couronne son aînée, Isabelle. Ce fut l'origine de dissensions qui agitèrent pendant de longues années le royaume et partagèrent les Espagnols en deux camps. Don Carlos, ayant protesté contre le décret royal, dut partir pour l'exil. Mais, à la mort de Ferdinand VII, il prit le titre de roi sous le nom de Charles V et se mit à la tête de ses partisans, les « Carlistes ». Battu en 1839, il se réfugia en France et mourut quelques années plus tard. Sa mort fut loin de mettre un terme à ces querelles intestines. Successivement, ses deux fils, puis son petit-fils, nommé également don Carlos, reprirent la lutte. Ce dernier, auquel ses partisans avaient décerné le titre de Charles VII, se battit, avec des fortunes diverses, d'abord contre le roi Amédée, puis contre Alphonse XII, de 1872 à 1876. Il dut enfin quitter l'Espagne en vaincu et se réfugier en France, d'où il fut expulsé deux ans plus tard, parce qu'il y intriguait encore contre Alphonse XII.

Une autre convulsion, plus violente peut-être, en tous cas plus retentissante et d'une portée plus mondiale, allait secouer l'Espagne sous le règne de son successeur Alphonse XIII. Ce jeune roi avait à peine douze ans, lorsque survint, dans le port de La Havane (mai 1898), l'explosion d'un cuirassé américain, le *Maine*. Bien que cette catastrophe, ainsi que l'affirma le gouvernement espagnol et que le démontra plus tard l'examen de l'épave, n'eût qu'une cause purement accidentelle, le cabinet de Washington

laissa entendre qu'il considérait ce prétendu accident
comme un acte de traîtrise. Le Congrès américain
saisit ce prétexte pour déclarer une guerre, dont les
causes plus réelles et plus profondes étaient le désir
d'évincer l'Espagne de la possession de Cuba, île
trop riche et trop voisine de l'Amérique pour ne pas
éveiller en elle l'envie d'y exercer, tout en lui laissant
son indépendance, une souveraineté de fait.

L'Espagne était déjà épuisée par une longue et
pénible lutte contre les Cubains révoltés ; elle man-
quait de navires de guerre modernes ; les Américains
avaient de meilleures armes, des canons à plus longue
portée, une artillerie à tir rapide plus nombreuse. La
matière, animée par l'intelligence, devait obtenir des
résultats mathématiques. La valeur espagnole sauva,
du moins, l'honneur. Les débris de la flotte s'englou-
tirent glorieusement dans la baie de Manille et à
Santiago de Cuba. Les plénipotentiaires espagnols
durent se soumettre aux exigences du vainqueur. Par
le traité de Paris (10 décembre 1898), l'Espagne per-
dait Cuba, Puerto-Rico, les Philippines et une des
Mariannes. Ainsi s'achevait l'épopée quatre fois séculaire dont Colomb avait écrit le prologue. Tout était
perdu : il fallait, du moins, que l'honneur ne le fût
pas. Au moment de signer, le plénipotentiaire espagnol
exigea, à son tour, que tous les assistants reconnus-
sent sans contestation que l'Espagne n'avait eu
aucune complicité dans l'affaire du *Maine*. Stupé-
faits, les représentants des Etats-Unis durent recon-

naître chevaleresquement la fausseté de l'imputation.

Une nation qui montre un tel souci de l'honneur peut prétendre à de hautes destinées.

CHAPITRE II

L'Espagne à vol d'oiseau

Rien de plus aisé que de se représenter l'Espagne d'une façon rudimentaire, sans doute, mais très juste pourtant.

Qu'on se figure d'abord un vaste plateau central, dit de Castille, d'une altitude de 700 à 750 mètres. Sur ce plateau reposent deux ou trois chaînes de montagnes, notamment la Sierra de Guadarrama (2 400 mètres) et la Sierra Morena (1 810 mètres).

Autour de ce plateau s'étendent de larges dépressions, s'étalant en éventail vers la mer, et dont le plateau constitue l'un des côtés : vallée de l'Ebre, limitée par le plateau de Castille et par les Pyrénées ; vallée du Duero (il prend en passant en Portugal le nom de Douro), entre le plateau de Castille et les monts Cantabres ; vallée du Tage, vallée du Guadalquivir, entre la Sierra Morena et la Sierra Nevada, dont le plus haut sommet, le Mulhacen, atteint 3 481 mètres, c'est-à-dire 77 de plus que le sommet le plus haut des Pyrénées, le pic d'Aneto, dans le massif de la Maladetta (3 404 mètres).

Il est à noter que la moitié du territoire est à plus de 5oo mètres d'altitude. Cultures, industrie, transports sont ainsi placés dans des conditions très différentes de celles de la France, par exemple.

La superficie totale est, en chiffres ronds, de 5oo ooo kilomètres, inférieure, par suite, d'un douzième à celle de la France.

Un dixième du sol est d'une extrême fertilité, un autre dixième totalement aride. D'une façon générale, les terrains fertiles sont surtout ceux qui avoisinent la mer, plus particulièrement au sud et à l'est. Quant au sous-sol, il est extraordinairement riche en métaux de toutes sortes : cuivre (Rio Tinto); fer (Somorrostro); mercure (Almaden); plomb argentifère (Linares); zinc, étain, soufre. Il y a aussi des houillères.

La race espagnole est le résultat d'une foule de croisements. Dans son sang se mêle le sang des Ibères, des Basques, des Celtes, des Germains, des Carthaginois, des Romains, des Arabes, des Berbères.

Plus peut-être encore qu'en France, chaque province a gardé son cachet propre et ses caractères distinctifs. Voici celles qui ont le plus de relief et de saveur.

A tout seigneur, tout honneur. La Castille, premier noyau de l'Espagne, a eu la chance de posséder sur son territoire les villes qui furent successivement les capitales : Burgos, patrie du Cid, Tolède et Madrid. Elle eut aussi l'honneur de voir sa langue, le castillan, se répandre peu à peu sur toute la Péninsule et constituer la langue espagnole, en écrasant les autres dialectes, réduits à l'état de patois. Elle se divise en Vieille et Nouvelle Castille : la première, inculte et pauvre ; la deuxième, plus riche, surtout dans sa partie méridionale, qui contient de beaux pâturages, où paissent des milliers de moutons mérinos, dont les propriétaires forment la corporation de la *Mesta*. En Castille, s'élèvent, outre Madrid, Burgos et son incomparable cathédrale ; l'Escurial, immense sarcophage, le Saint-Denis espagnol ; Tolède, vision impressionnante comme peu de spectacles au monde ; Avila, où flotte encore l'âme de sainte Thérèse ; Ségovie, la cité de l'aqueduc romain ; Valladolid, où séjournèrent tant de rois. Une partie de la Castille, vers le sud-est, s'appelle la Manche : Cervantès l'a immortalisée en y plaçant le théâtre du *Don Quichotte*, dont on ne peut comprendre tout à fait beaucoup d'épisodes, si l'on n'a contemplé cette plaine monotone et infertile, où errent quelques troupeaux de chèvres, dont le lait sert à faire des fromages renommés et où le morne horizon n'est égayé que par la silhouette de quelques moulins à vent.

Après avoir traversé la Castille, nous voici en Andalousie, la fertile Bétique, où les légendes plaçaient le jardin des Hespérides. C'est, sans doute, la plus belle contrée de l'Espagne, comme aussi celle où s'entassent ses plus glorieux souvenirs. Séville, Cordoue, Grenade, Cadix, Malaga sont ses cités prestigieuses. Son incomparable campagne, la *Vega*, est arrosée par le Xénil, cerclée par de hautes montagnes : elle produit en abondance blé, maïs, vigne, oranges. Ses chevaux, ses moutons sont célèbres. Quant aux habitants, ils sont fins, spirituels, un peu hâbleurs, dit-on. Sur les lèvres de l'Andalou glisse le sourire de la blague, mais passent aussi les mots de la passion brûlante et jalouse. Il excelle à *pelar la pava*, c'est-à-dire à causer longuement, de la rue, avec la jeune fille dont le sépare une fenêtre grillée, ou bien encore dans la fraîcheur du *patio*, tandis que le mince jet d'eau retombe, sans presque troubler le silence, dans la vasque aux faïences harmonieuses. Sa veste courte, sa culotte serrée au genou par des rubans et des glands de soie, sa large ceinture également en soie et de couleur vive, ses guêtres bien ajustées, son chapeau « calañés » garni de velours et de forme caractéristique, ses boutons d'argent, tout cela compose un des plus seyants costumes, et l'on regrette de le voir de moins en moins porté. Quant aux femmes, il est fâcheux qu'elles ne se parent pas toutes du châle de Manille, brodé des teintes les plus riches et qui sied si bien à leur beauté.

Mais il faut s'arracher à tant de séductions, à la patrie des gitanes, à la terre où fleurissent les *bailes flamencos*, pour passer dans la région de Valence, assez belle d'ailleurs pour tempérer les regrets que peut laisser cette terre si riche. La « huerta » de Valence, ce jardin de l'Espagne, est un ravissement. Un système d'irrigation, dont l'idée première remonte, paraît-il, aux Arabes, contribue à rendre cette région, comme celle de Murcie, toute voisine, extraordinairement fertile. Il est courant que les terrains y portent deux moissons et il n'est pas sans exemple qu'ils aillent jusqu'à trois. La vigne, l'oranger, le citronnier, l'olivier, le mûrier, le palmier même par endroits, font de cette contrée de véritables Champs Elysées, pour reprendre l'expression de l'historien Mariana. Toutes ces richesses sont des présents de l'eau, plus précieuse que l'or et qui pénètre par des milliers de canaux dans les parcelles de terrain du plus pauvre paysan.

Le contraste est complet entre la province de Valence et la Catalogne. Une grande ville, plus peuplée que Madrid même, Barcelone, dont le port est plus vaste que celui de Marseille et par lequel passe le quart du trafic maritime espagnol, aspire, pour la déverser dans ses innombrables usines, la plus grande partie de la population mâle de la Catalogne. La faucille n'est pas délaissée, car la terre aussi est riche ; mais, en général, le Catalan préfère d'autres outils. Il forge le fer, il tisse le fil, la laine et la soie. Dans son cerveau bouillonnent bien des idées hardies, tantôt généreuses et tantôt folles. La place que la Catalogne occupe dans la vie espagnole, aujourd'hui plus que jamais, est trop importante pour qu'on la traite en courant. Il en sera longuement et plusieurs fois question dans cet ouvrage, où l'on s'est efforcé de lui faire une part proportionnée à celle qu'elle a dans la vie nationale.

L'Aragon et la Navarre s'étendent sur le versant
méridional des Pyrénées et la vallée de l'Ebre. L'Aragonais, actif, endurant, passe pour très têtu : avec sa
large ceinture, ses bas de couleur bleue, son mouchoir
à fond jaune ou rouge noué autour de la tête, il a une
allure décidée et virile. « Donnez un clou à l'Aragonais, dit le proverbe, il l'enfoncera avec sa tête mieux
qu'avec un marteau. » Très jaloux de son indépendance, très attaché à ses *fueros* (privilèges), il semble
se souvenir toujours de l'époque où sa noblesse, sou-
cieuse de limiter l'autorité du roi d'Aragon, confiait à
un magistrat spécial, qu'on nommait le Justicier, le
soin d'obliger le monarque à la respecter : et lorsque
le Justicier déposait sur le front d'un nouveau roi la
couronne d'Aragon, c'était en ces termes hautains :
« Nous qui, chacun, sommes autant que toi, et qui,
réunis, sommes plus puissants que toi, nous te faisons
roi, à condition que tu garderas nos privilèges. Sinon,
non. » Mais l'Aragonais sait aussi jouir de la vie : c'est
un danseur hors pair qui se livre éperdûment à ses
danses favorites, surtout à la *jota*. Saragosse est la
capitale, Saragosse qui s'enorgueillit d'être la « Cité
Impériale », parce que son origine remonte à une
colonie romaine fondée par Auguste; Saragosse, fière
aussi que le royaume d'Aragon ait été assez puissant
au treizième siècle pour conquérir Montpellier, les
Baléares, la plus grande partie du royaume de Valence, la Sicile, la Sardaigne et, au quinzième siècle,
le royaume de Naples; Saragosse, plus fière encore du

terrible siège qu'elle soutint contre Lannes en 1808, mais préférant encore à tous ces souvenirs la gloire de posséder le sanctuaire de Notre-Dame del Pilar, le plus vénéré de l'Espagne entière. L'histoire de la Navarre est moins brillante sans doute. On peut rappeler pourtant qu'elle s'étendit à un moment donné jusque sur le versant nord des Pyrénées : cette partie fut la seule que put conserver Jean d'Albret et dont hérita Henri IV, roi de France et de Navarre. En tout cas, il y a un patrimoine que nul ne pourra jamais arracher au Navarrais : son renom de loyauté. Foi de Navarrais est une expression proverbiale. Quel plus beau titre de noblesse ?

Plus encore peut-être que la Catalogne, l'Aragon et la Navarre, la Biscaye fut jalouse de ses libertés. Foyer du carlisme, elle dut pourtant renoncer à la plupart d'entre elles, le jour où le parti de don Carlos fut vaincu : elle ne conserve plus guère que le droit de lever un corps de milice spécial, les *miqueletes*. Elle est restée fidèle à sa langue, le basque ou euskarien, désespoir des linguistes et qui ne s'apparente à aucune autre langue de l'Europe. Les Basques ou Euskualdunacs entourent d'un respect presque religieux un arbre vénérable, qui s'élève dans le village de Guernica et dont ils ont fait comme le symbole de leurs institutions : c'est un chêne conservé par des boutures successives d'un tronc plus de dix fois séculaire, suivant la tradition recueillie par le barde Iparraguirre, auteur de l'hymne *Guernicaco Arbola*. Le

Biscaïen est actif, religieux, opiniâtre, batailleur et pourtant mélancolique, réfléchi, silencieux et rêveur. Epris d'égalité, il avait pris pour devise qu' « il vaut mieux être la tête d'une souris que la queue d'un lion ». Comme il·porte crânement son petit béret rouge dans les rues de ce Saint-Sébastien, envahi par la cohue tapageuse du Tout Madrid, qui y transporte chaque année, pour deux mois, ses intrigues de boudoir et ses légers papotages! Voyez-le surtout, agile et svelte sur la place de quelque village écarté, lancer la balle contre le fronton, en pelotari émérite, avec une vigueur qui se tempère de grâce, le bras armé de la chistera d'osier.

Entre les riverains du golfe de Gascogne et ceux qui bordent la mer dans la partie nord-ouest de l'Espagne, c'est-à-dire les Asturiens et les Galiciens, le contraste est complet. Ici la nature est rude et la terre sauvage. Elle évoque les belles pages de Michelet sur la « pauvre et dure Bretagne », sur « cette race rude de grande noblesse, d'une finesse de caillou », sur « cette limite extrême, la pointe, la proue de l'ancien monde ». Ici, comme là, « les deux ennemis sont en face, la terre et la mer, l'homme et la nature ». Ce Breton-ci, comme l'autre, a son biniou, qui s'appelle la *gaita*. Le vent bat avec la même fureur le granit de ses rochers. Mais la comparaison ne peut se poursuivre : car, si l'on s'éloigne un peu de la côte, on se trouve, non plus en pleine lande bretonne, mais dans un pays enchanteur où mûrissent, comme sur les côtes

de la Méditerranée, les grenades, les mûriers, les
citrons, les oranges ; où abondent les forêts, surtout
de chênes, peuplées d'ours ; où la montagne déploie le
charme de sa variété infinie.

Galiciens et Asturiens sont des cousins germains.
Ces races prolifiques, sobres, résignées, douces,
humbles se recommandent par la simplicité de leurs
mœurs. Ces hommes passent pour avoir l'esprit lourd :
mais nul ne leur conteste le désintéressement, la
patience, l'honnêteté. Maintes fois on les a comparés
aux Bretons, plus souvent encore, peut-être, aux Au-
vergnats. Ne les quittons pas sans nous souvenir
qu'ils ont l'honneur de posséder le sanctuaire de
Saint-Jacques de Compostelle, où vinrent s'agenouiller
depuis le neuvième siècle, le bourdon à la main, des
pèlerins partis de tous les points de la chrétienté. Et,
les Asturies ont encore un autre titre de gloire :
depuis 1388, l'héritier de la couronne d'Espagne a
toujours porté le titre de prince des Asturies.

Voici à peu près terminé notre voyage circulaire
dans l'Espagne continentale. Mais on n'a pas le droit
d'oublier que, tout près d'elle, on trouve encore
quelques débris de son grand empire colonial. L'ar-
chipel des Canaries nous offre, sous un ciel bleu
sombre, des terres d'origine volcanique, très acciden-
tées, couvertes d'une végétation extraordinairement
vigoureuse et digne des tropiques. Si cette traversée
vous effraye, revenons en France par un détour qui
n'en est guère un : par les Baléares. Des étymologies

quelque peu fantaisistes rattachent leur nom à la gloire d'Hercule, dont un des compagnons s'appelait Baléos! D'autres veulent au moins qu'il soit un souvenir des célèbres frondeurs originaires de ces îles : *ballein*, en grec, signifie lancer. Ce qui est plus sûr, c'est que leur sol est d'une fécondité qui tenta l'ambition de bien des peuples ; c'est que leurs montagnes recèlent des richesses minérales inestimables et qu'avec leurs grottes, leurs rochers sculptés par les infiltrations des mers, leurs lacs pittoresques, elles constituent un des plus beaux coins du monde. La plus belle est Majorque, avec sa capitale Palma ; viennent ensuite Minorque, Cabrera (l'île aux chèvres) ; Iviça ; Formentera (l'île au blé) ; Conejera (l'île aux lapins) et quelques îlots.

Si, tout au moins dans une certaine mesure, la prodigieuse variété des provinces espagnoles est, sur ces quelques données, assez nettement apparue, ce résultat ne sera pas méprisable, tant se différencient, d'une région à l'autre, le sol, le caractère, le costume, la danse, l'architecture. A Burgos, à Avila, à Léon, triomphe l'ogive gothique ; à l'alcazar de Tolède, le style gréco-romain du César Charles-Quint ; en Catalogne et à Valence, le monument qui symbolise l'effort populaire ; en Andalousie, les dentelles de pierre, les enluminures d'or et de carmin des mosquées arabes.

Sur cette terre, au cours de l'histoire, le vent a balayé les trônes comme des feuilles mortes. « L'Évangile et le Coran, dit l'éminent romancier Alarcón, Rome ancienne et Rome moderne, l'Empire et la Papauté, l'Autriche et Philippe V, Napoléon et Annibal, Viriathe[1] et Scipion, Gonzalve de Cordoue[2] et le Cid, cent Iliades surgiront devant vous, dans quelque lieu de la Péninsule que vous alliez : ici Sagonte, là Saragosse ; Tarragone, deux fois héroïque à vingt-cinq siècles d'intervalle ; Numance et Roncevaux ; Barcelone, la cité des Comtes, et Barcelone qui accueille Colomb ; l'Aragon qui règne à Naples et l'Aragon de Lanuza[3] ; Roger de Flor[4] en Orient ; Cortès et Pizarre en Occident ; don Juan d'Autriche à Lépante ; Leiva[5] à Pavie ; Padilla[6] à Villalar ; le peuple à Bailen ; Cisneros[7] en Afrique ; Philippe II en Flandre... mille et mille souvenirs assailliront de tous côtés votre imagination. »

Et, au moment de quitter l'Espagne, on se répète le mot si tendre de Michelet sur Avignon et la Provence : « Moi aussi, comme Pétrarque, je pleurerais en quittant ces belles contrées. »

1. Chef lusitanien qui résista aux Romains (IIe siècle av. J.-C.).

2. Célèbre général espagnol, surnommé le Grand Capitaine, qui lutta contre les Maures et leur reprit Grenade.

3. A joué un rôle important dans l'histoire d'Aragon.

4. Célèbre aventurier catalan qui lutta contre les Turcs.

5. Capitaine espagnol, adversaire de François Ier.

6. Chef des *Comuneros*, révoltés contre Charles-Quint. Il fut vaincu et fait prisonnier à Villalar.

7. Cardinal et homme d'État, terrible adversaire des Maures.

MADRID. — **Plaza Mayor**.

CHAPITRE III

Madrid

Depuis 1914, la capitale de l'Espagne s'est considérablement transformée et embellie. Elle s'agrandit chaque jour, et elle peut tout d'abord paraître méconnaissable à ceux qui la visitèrent il y a quelques années. Certes, la vie y fut toujours intense et gaie, mais il semble qu'une sorte de fièvre agite maintenant ses habitants ou ses hôtes de passage. Sans doute est-ce l'habitude du Métropolitain qui fait trépider ainsi les passantes gracieuses, c'est à peine si on retrouve dans les jolis yeux des Madrilènes un peu de la langueur qui faisait si caractéristiques les brunes « señoras » de naguère.

Les hommes, eux, ont accentué l'aspect sévère et froid qu'ils affectaient de se donner depuis plusieurs années déjà, ils n'ont rien du flâneur élégant que l'on imagine aisément dès que l'on parle d'un Espagnol. Pressés, rasés, corrects, quand on les voit pénétrer dans une des innombrables banques qui ont poussé comme des champignons dans tous les quartiers de

Madrid, ils évoquent pour le passant la silhouette fami-
lière de quelque Anglais flegmatique ou d'un Américain manieur d'or.

L'or, c'est lui, le magicien qui, d'un coup de sa ba-
guette enchantée, a ainsi donné à Madrid la gracieuse,
l'aspect d'une capitale en progrès.

L'or, presque inconnu naguère, a rayonné soudain,
et les magasins se sont emplis, les rues se sont allon-
gées ; là où se dressait une masure, un palais a surgi.
Un besoin d'élégance a saisi toutes les classes ; chacun, pris d'une émulation salutaire tout au moins au
commerce, a voulu faire plus et mieux que son voisin,
et tel qui s'était endormi dans la quiétude de son
échoppe, immuable depuis des siècles, s'est réveillé
un beau matin propriétaire d'une luxueuse officine.

Et c'est pour lui, pour l'or-roi, que les plus splen-
dides constructions se sont élevées. Signe des temps,
c'est en son honneur que des temples ont été édifiés,
et il est telle banque de Madrid vers laquelle on guide
l'admiration du visiteur, comme jadis on aurait conduit
le voyageur vers quelque cathédrale.

Il y a peu d'années encore, la rue d'Alcalá, cette
voie sacrée qui conduit des jardins du Prado à la
fameuse place de la Puerta del Sol, était sillonnée,
vers cinq heures, d'équipages qui allaient d'un pas
mesuré pour la traditionnelle promenade. Maintenant,
à toute heure du jour et de la nuit, c'est un va-et-vient,
un enchevêtrement d'automobiles haletantes et pressées. Il semble que la guerre mondiale ait eu pour

résultat de pousser les Madrilènes au sport automobile ; toutes les marques voisinent : une Elizalde, du constructeur réputé de Barcelone, semble frôler une de Dion ou une Citroën, mais les firmes américaines surtout inondent le marché des voitures ; il ne se passe pas de minute qu'on n'en aperçoive une, pilotée d'une main sûre par un conducteur avisé.

Sans doute, les maisons françaises, italiennes, ou anglaises, les premières surtout, jouiraient de la même faveur, mais les livraisons se font trop attendre, et les clients les plus fidèles se lassent. Cette inertie fait le jeu des Américains, en attendant que les Espagnols, qui construisent chaque jour davantage et dont l'industrie automobile est de plus en plus prospère, prennent une place de choix sur le marché du monde et suffisent à leurs besoins.

Est-ce à dire que cette cohue de machines nuise à la vogue de la Puerta del Sol? Non, les passants se garent comme ils peuvent, mais ils viennent toujours, attirés comme par un aimant par la célèbre place. A certaines heures, la foule est plus dense que jadis. Alors qu'il y a peu d'années encore, on ne rencontrait guère qu'une certaine classe d'oisifs et de désœuvrés devant les élégantes devantures, maintenant, le peuple qui, jadis, vivait de « privations », le-mets national par excellence, et qui bénéficie de salaires qu'il n'avait jamais connus, vient, lui aussi, se frotter au luxe ambiant. Haut bottées, ondulées, poudrées, les jeunes ouvrières regardent, comme si, demain, elles allaient être à leur place, les femmes parées qui s'appuient aux coussins de leurs autos rapides. Puisqu'elles ont pu, en si peu de temps, passer des épais bas de coton aux légers réseaux de soie, tout leur paraît possible, et elles ne seraient pas autrement surprises de se trouver bientôt assises dans une 60-chevaux alors qu'elles hésitaient autrefois à user trop souvent des « trams » cahotants.

Est-ce un bien ? Est-ce un mal ? Si l'on mesure le degré de civilisation à l'intensité des besoins, cause de l'intensité de la production, il ne faut pas contester que ce désir de luxe qui a gagné tous les êtres depuis que le vertige de l'or les a saisis, est une émulation au travail. Le fait que les ouvriers se montrent plus exigeants sur les conditions de leur vie matérielle indique qu'ils ne se désintéressent plus du degré de richesse matérielle qui permet ces exigences, et comme le besoin crée l'organe, cet appétit de jouissance crée cette ardeur au travail qui fait les peuples en progrès.

Sans doute les moralistes regretteront le temps où les jeunes apprenties se contentaient, pour être jolies, de leurs yeux vifs, de leur sombre chevelure et de leur châle noir aux longues franges. Mais ce temps-là était aussi celui où les familles s'entassaient dans une seule chambre sans air et sans lumière dans la plus infâme promiscuité. Si, pour s'offrir une chambrette coquette et gaie, la gamine paresseuse, au lieu de flâner en guenilles au coin des ruelles, se met courageusement au labeur, qu'elle sait bien rétribué, n'aura-t-elle pas, sous un apparent égoïsme, servi elle-même en s'élevant et servi la société en produisant ?

Et qui pourrait croire maintenant en visitant Madrid qu'on a pu écrire, il y a une trentaine d'années : « A Madrid, il n'y a pas de véritable classe ouvrière ; il n'y a pas non plus de véritable bourgeoisie ? »

Sans doute la capitale de l'Espagne reste le siège de la royauté et l'aristocratie gravite toujours autour de la Plaza de Oriente ; elle est toujours « la Villa y Corte », la ville et la cour ; mais tout un monde nouveau a surgi : peuple de travailleurs employés à la transformation de ces quartiers sordides qui s'étalaient comme une lèpre au front de la ville royale, légion d'ouvriers d'art qui ont ciselé des édifices publics dignes d'un grand peuple. Et à mesure que disparaissaient ces rues légendaires, telle « la calle de Arrastraculos » où il n'était pas rare de lire sur des écriteaux : lit à louer, une caste nouvelle se façonnait, celle de la petite bourgeoisie féconde et travailleuse, cette bourgeoisie ouvrière qui produit et économise ; il suffit pour s'en convaincre de compter le nombre de banques nouvelles qui s'ouvrent à Madrid.

Des esprits chagrins ne manqueront pas de regretter le « bon temps », le temps passé, celui où la vie ensommeillée d'un peuple était plus facile pour certains privilégiés. Mais dormir n'est pas vivre. Pour grandir, il faut lutter, il faut « jouer des coudes » pour se faire sa place, et l'Espagne, à son tour, stimulée par une réussite soudaine, conséquence des événements exté-

rieurs, a raison de se piquer au jeu des plus grandes
nations et de vouloir, dépouillant l'œillet et le châle
de Carmen, se mettre à endosser le pratique costume
du travailleur. Elle restera toujours, pour les amateurs
d'art et de passé, l'incomparable gardienne des trésors
impérissables que lui ont légués les siècles. Ce n'est
pas parce que l'étranger aura admiré la disposition
moderne de la grande Poste qu'il négligera ensuite de
se rendre au musée du Prado. Au contraire, satisfait
de n'avoir pas stationné comme jadis dans le triste édifice de la Calle Carretas, il n'en appréciera que mieux
ce paradis des arts où règnent et régneront toujours,
après le dieu Velasquez, les Murillo, les Ribera, les
Goya.

Et parce qu'elles seront arpentées par les pieds de
mignonnes travailleuses, les allées du Prado, de Reco-
letos et de la Fuente Castellana en seront-elles moins
animées ?

Car il disparaîtra, peu à peu, le vieux préjugé qui
faisait dire à une jeune Castillane orgueilleuse et sans
esprit : « Le travail, pour une femme, c'est un déshon-
neur ! »

Comme leurs sœurs d'Amérique, d'Angleterre et de
France, les jeunes Madrilènes élèveront leur âme et
leur esprit dans la sainte loi du travail ; du haut en bas
de l'échelle sociale, elles apprendront à compter sur
elles-mêmes, et ce n'est pas parce qu'elles ne resteront pas éternellement oisives que, le soir venu, elles
ne seront pas pour le « novio » le doux repos. Leurs

yeux ne perdront pas leur éclat, ni leur taille sa grâce parce qu'elles se seront appliquées, au lieu de rêvasser derrière une jalousie, à orner leur intelligence ou à faire manœuvrer leurs doigts.

Peut-être cette transformation totale ne se fera-t-elle pas sans quelques convulsions, mais ce ne sont pas quelques éléments malsains qui empêcheront le bien de sortir d'un peuple régénéré par le travail.

Bien dirigé, instruit, lui qui jusqu'alors ne savait rien, voudra juger par lui-même de la réalité de certaines utopies. Dans cette « Casa del pueblo », qu'il a payée de ses deniers 250 000 pesetas, il entendra rester maître de ses destinées. Pour cela, il suffira que le gouvernement de Madrid intensifie encore ses nouveaux programmes d'enseignement. Sans doute, quelques esprits d'élite ont fait des efforts persévérants, aussi bien en ce qui concerne l'enseignement primaire, en créant un peu partout des écoles nouvelles, qu'en développant l'enseignement supérieur, en mettant davantage professeurs et élèves en contact avec l'étranger. Mais il ne faut pas s'arrêter en si beau chemin ; maintenant que les énergies espagnoles se sont réveillées, c'est à l'instruction à en régulariser les effets. C'est elle qui, en réformant l'éducation populaire, assainira la vie publique et se chargera de rénover définitivement l'âme nationale. C'est la diffusion de l'instruction, qui, en faisant comprendre au peuple l'œuvre de progrès à laquelle il doit travailler, sera cause de l'incorporation des Espagnols à la vie mondiale.

Le succès de « l'intercambio » universitaire entre la France et l'Espagne n'est plus à démontrer. L'Institut français à Madrid, comme les cours d'été à Burgos, sont aussi suivis que les conférences faites par des maîtres espagnols à Bordeaux et à Toulouse. Ce mouvement s'étend et s'étendra davantage encore en Amérique, des relations de plus en plus suivies s'établissent entre les centres d'enseignement de la Péninsule et ceux du Nouveau Monde.

« Avant de parler de « reconquête » spirituelle, d' « hispanisation des anciennes colonies, — écrivait, il y a quelques années, le professeur Posada, — les Espagnols doivent se reconquérir spirituellement eux-mêmes et renouveler leur propre culture. »

Ce temps est venu, et le mouvement hispano-américain est une des meilleures preuves de l'existence de l'Espagne vivante, de l'Espagne nouvelle ; l'heure n'est pas éloignée sans doute où les descendants des grands ancêtres viendront compléter leur instruction dans l'antique Université de Salamanque, ressuscitée pour accueillir les fils de ses anciens disciples.

Cette renaissance de l'enseignement, si délaissé depuis tant d'années, c'est la preuve de la vitalité de l'Espagne, et tous ceux qui l'admirent s'intéressent aussi bien au *comité pour le développement des études et des recherches scientifiques*, dirigé par le savant Ramón y Cajal, qu'au *Centre d'études historiques de Madrid* ou au *Comité de patronage des étudiants étrangers*.

MADRID.—La Equitativa.

Tous ces groupements, sans oublier la « Maison des Etudiants », sur le modèle des institutions analogues de Grande-Bretagne destinées à développer l'esprit corporatif dans la jeunesse scolaire, prouvent le renouveau intellectuel d'un pays et l'avenir qui désormais peut être le sien.

Madrid, capitale politique, artistique et littéraire, centre universitaire et centre d'affaires, comble peu à peu ses lacunes en se développant au point de vue commercial et industriel, alors qu'elle était, avant 1914, presque uniquement le port d'attache de la noblesse, des grosses fortunes ou de ceux qui vivent comme s'ils en avaient. Elle a maintenant des ambitions plus hautes ; autrefois ville de plaisir et de luxe, elle ne se contente plus de charmer par son mouvement, sa nouveauté : elle veut retenir ceux qui la voient par des qualités plus solides. Il est maintenant peu de cités qui peuvent rivaliser avec elle pour la netteté ; chaque jour voit disparaître des coins où le pittoresque régnait plus que l'hygiène, elle ne marchande plus à ses habitants ni l'air ni la lumière, ni la verdure : la création du magnifique Parc de l'Ouest en est une preuve.

Madrid, en s'embellissant, ne songe pas qu'à elle, elle ne s'enferme pas égoïstement dans sa tour d'ivoire. Les artistes français qui rêveront sous les ombrages de la Villa Velasquez pourront l'attester bien haut. C'est là dans le terrain de la Fonclea, qu'ils viendront bientôt constater que si la capitale de l'Espagne est vivante, elle sait, quand il le faut, s'imprégner du passé, puisqu'elle conviera ceux qui sont les gardiens du flambeau de l'art tout-puissant à communier dans le culte des maîtres immortels. Une demi-heure leur suffira pour atteindre le sanctuaire du Prado et aller s'entretenir avec les maîtres de l'enseignement le plus révélateur.

Et la cité qui dans la fièvre de l'or trouve ainsi le loisir de sacrifier au culte de la beauté ne sera jamais traitée en « nouvelle riche » que par ceux-là qui trompent leur envie par le dénigrement.

CHAPITRE IV

Barcelone

Ville de travail et de gaieté, comment peut-elle, si extraordinairement lumineuse et fascinatrice, songer à autre chose qu'à la beauté de vivre dans la joie et dans la paix?

Pour l'étranger qui l'aborde, que ce soit par un matin ensoleillé, ou à la nuit plus brillante que le jour sous l'incandescente féerie de son éclairage électrique, c'est un émerveillement de la voir si vivante, fumante de labeur, toute chaude d'un perpétuel mouvement, rieuse et bruyante dans le repos, autant que passionnée dans le travail.

Comment ceux qui s'assoient aux cafés des Ramblas, au Suizo, à la Maison Dorée, aux Novedades, dans cet aveuglant chatoiement qui vous grise, peuvent-ils remuer les plus noires pensées, rêver de bouleversements, fomenter les émeutes, et évoquer les spectres des révolutions?

L'égalité, mais n'est-elle pas réalisée à l'une de ces terrasses encombrées, où, dans la belle lumière vespérale, le soleil luit pour tous, aussi bien pour le paysan que pour l'ouvrier, pour l'employé que pour le bourgeois? Ils sont assis côte à côte, et plus que leurs consommations, ils semblent boire la lumière triomphale qui les baigne, sans parcimonie et sans préférence, de sa splendeur inégalée.

Et n'est-elle pas pour toutes les passantes, l'odeur qui s'exhale des éventaires de fleurs de la place de Catalogne? Pour la petite apprentie comme pour l'élégante, les tubéreuses, les roses et les œillets répandent leurs plus pénétrantes senteurs et rien ni personne ne les empêcheront de verser à l'une et à l'autre la griserie de leur parfum.

Mais ce ne sont pas les petites ouvrières rieuses qui émettent des revendications, et quand leurs frères et leurs fiancés se laissent entraîner à des révoltes, c'est parce que des conspirateurs professionnels, de ceux qui ne vivent que de troubles, les ont abusés de promesses mensongères. On exploite l'ignorance, l'amour-propre, l'agilité, un certain goût de désordre qui règne toujours au fond des âmes jeunes, et on fait d'adolescents inconscients les bandes de pétroleurs d'il y a quelques années ou les partisans de l'action directe de ces derniers mois.

Et de combien de purs Catalans sont formées ces hordes de révoltés, il serait intéressant de l'étudier. De par sa situation, Barcelone est comme un accroc au flanc de l'Espagne par où peuvent s'infiltrer tous les éléments délétères étrangers : c'est eux, qui le plus

BARCELONE. — Plaza de Cataluña.

souvent, corrompent la masse. Rebuts, presque toujours, du pays qui les a vus naître, sans patrie, sans
foyer, sans toit, ils sont semeurs de désordre par
haine de cet ordre où ils n'ont pu vivre.

Sans doute, des réformes sont nécessaires. Le peuple, surtout depuis la guerre qui a bouleversé le
monde, a vu des fortunes trop rapides s'édifier ; dans
son raisonnement simpliste, il s'est dit : Pourquoi eux,
et pas moi ? C'est moi qui ai fourni tout l'effort, ce
sont eux qui profitent. Et les semeurs de haine ont
dit : Tu as raison, abstiens-toi du travail, frappe celui
qui t'exploite et tu resteras le maître. Maître, en effet,
mais de la ruine et du désordre qui naissent du métier
des bras croisés.

Insensés qui ne vous associez qu'en vue d'un effort
destructeur, pourquoi n'employez-vous pas vos capitaux, non pour la grève violente, mais pour fonder
une œuvre durable et féconde? Un corps de métier,
enrichi par les cotisations de tous ses membres, les
affranchirait peu à peu de leur dépendance vis-à-
vis du capital, en formant l'Association du travail.
Les corps de métier organisés en coopération suppri-
meraient les conflits entre ouvriers et patrons et constitueraient l'un des éléments essentiels d'une société
ayant atteint un certain degré de développement pour
ne pas négliger l'intensité des problèmes de la vie
sociale.

Souhaitons que, pacifiquement, se résolvent ces questions primordiales ; pour Barcelone surtout, elles sont

actuelles ; elles n'empêchent certes pas sa **vie exubé-**
rante : mais, débarrassée du nuage perpétuel qui assom-
brit son horizon, elle se développerait plus encore, et
ses qualités natives de fierté et d'intelligence produi-
raient une moisson féconde et bienheureuse.

Ceux qui aiment à s'attarder dans le passé ont des
raisons, eux aussi, de se plaire dans Barcelone la vivante.

Les environs de la cathédrale sont riches en souvenirs, sans parler du noble édifice religieux construit
en 1298 sur l'emplacement d'une mosquée, qui avait
pris elle-même la place d'un temple romain consacré
à Hercule. C'est sur la petite place del Rey que l'on
trouve le monument gothique bâti sous Charles-
Quint et conservant les *Archives du Royaume d'Aragon,*
quatre millions de documents échappés aux héca-
tombes des guerres et des révolutions. C'est aussi
dans une ruelle voisine que se trouvent trois colonnes
corinthiennes, restes d'un portique romain.

La nouvelle Barcelone semble prendre à cœur
d'essayer d'étouffer ces souvenirs. Déconcertante par
la largeur et l'ampleur de ses avenues, elle semble
avoir voulu éblouir ses visiteurs par la majesté grandiose de ses proportions. Quand on parcourt la *Ram-*
bla de las Cortes de Cataluña ou la *Gran Via diagonal,*
et qu'arrivé au numéro 600 on demande, sans être
exaucé, à en voir le bout, on évoque avec un peu de
regret une paisible ruelle sévillane ou tolédane, toute
fraîche malgré le grand soleil.

Les sept ou huit cent mille habitants de Barcelone
semblent perdus dans ces voies qui réclameraient des
populations américaines, et, à certaines heures, elles
donnent un peu une impression d'abandon ; il faut les
voir uniquement aux moments d'affluence.

Toutes les constructions nouvelles sont sur le même
modèle grandiose, aussi bien le Palais de Justice que
les Docks, la Plaza de Toros que l'Université.

Les Barcelonais eux-mêmes s'ingénient à embellir
leur ville par une sorte de fanatisme patriotique ; ils
ne comptent ni sur l'État, ni sur la municipalité, ils
jettent l'argent à pleines mains pour faire construire
les hôtels les plus fastueux qui soient, ils ont l'orgueil
de leur cité.

Si des quartiers riches l'on passe dans les quartiers
ouvriers, l'aspect n'est évidemment plus le même ;
pourtant l'on reste surpris de la bonne tenue de la
population, si dissemblable de celle de tant de faubourgs. On n'y rencontre point d'ivrognes bruyants et
répugnants, les rixes et les coups sont rares. Au car-
refour des rues les plus populeuses, comme la *Calle del
Teatro* et la *Calle de Mediodía*, point de bousculade ;
deux agents chargés d'assurer la circulation emploient,
pour empêcher les stationnements, la plus raffinée for-
mule de politesse : « Haga Usted el favor... que Votre
Seigneurie me fasse la faveur de... circuler. » Et les
gens se dispersent sans mot dire, tout le monde ici
paraît bien élevé.

Même correction dans la *Calle Marqués del Duero*,

le quartier des cinémas, des cafés et des théâtres, sorte de foire permanente de la distraction et où les tentations sont peut-être un peu nombreuses pour la bourse des travailleurs.

Alors que l'habitation ouvrière laisse tant à désirer dans un trop grand nombre de villes, à Barcelone elle est l'objet de soins de plus en plus attentifs. Des quartiers nouveaux surgissent toujours plus nombreux, formés d'immeubles salubres, ouverts largement à la lumière sur de larges espaces, sur des champs, des avenues ou l'horizon des montagnes. Dans ces maisons, ni cris, ni disputes; pas plus qu'on n'entend ses voisins, on ne les voit : on les ignore.

Même propreté, même bonne tenue dans les restaurants populaires. Celui de *Santa Madona* dans le quartier du Parallèle peut servir de type. Le local se compose de deux salles (une pour les hommes, l'autre pour les femmes) qui peuvent contenir une centaine de consommateurs. Des bancs devant des tables de marbre blanc sont d'une scrupuleuse netteté. La cuisine est soigneusement préparée, les portions sont très suffisantes, le pain excellent, et pour une somme relativement très modeste on peut faire un repas des plus convenables.

Du reste, le Barcelonais est sobre; son argent, il l'emploie plutôt pour le plaisir et le costume qu'à se bien nourrir. Il est rare que l'ouvrier quitte l'usine en vêtement de travail; au vestiaire il l'échange contre une tenue de ville, propre et autant que possible élégante. Cela explique sans doute l'aspect « endimanché », si l'on peut dire, de la ville, malgré l'élément ouvrier si considérable, car les fabriques sont légion : industrie cotonnière, moulins, fabriques de draps, de bonneterie, de chocolat et de produits chimiques se pressent à la fois dans la ville et la banlieue, comme aussi les fonderies[1], les manufactures d'automobiles, les filatures[2], les teintureries ; et à la grande cité brillante, les hautes cheminées d'usine avec leurs panaches de fumée semblent faire une couronne volcanique.

Mais Barcelone ne serait pas Barcelone sans son port, c'est lui sa raison d'être et cela depuis toujours. C'est à la mer, dont les Catalans des premiers âges tiraient leur subsistance, qu'ils doivent les principales vertus de leur race. C'est elle qui leur a appris cette longue patience qui triomphe des obstacles. Pour la dompter, ils se sont fait des âmes fortes, à la fois audacieuses et endurantes ; et elle leur a donné aussi ce goût des aventures, ce besoin de mouvement qui les a toujours faits un peu dissemblables des Espagnols de jadis.

Le port, bien abrité des vents de l'ouest et du nord, n'offrait que peu de résistance, au temps des Romains, aux tempêtes du sud. Plusieurs fois, le flot démonté renversa la muraille de la mer, et une partie des habitants fut ainsi noyée sous les décombres de leurs

1. Ateliers Joaquín Mumbrú.
2. Filature Isidro Carné.

maisons. C'est pourquoi la cité de Barcelone s'éloigna de la rive pour se grouper autour du tertre que surmonte la cathédrale, à l'abri de la violence des vagues.

A partir du neuvième siècle, Barcelone fut renommée pour sa marine; le port, doté de privilèges par Ramon Berenger, devint un des centres d'attraction de la Méditerranée. Le Code maritime de Barcelone, élaboré puis achevé en 1258 par Jacques d'Aragon, devint, avec ceux d'Oléron et de la Hanse teutonique, la règle du droit nautique européen.

A l'époque où les expéditions contre les côtes de Barbarie et d'Egypte se renouvelaient fréquemment, ce furent des navires catalans qui eurent toutes les préférences des princes et des armateurs. C'est à eux que l'Aragon dut Majorque et le commandement de la mer, depuis le cap de la Nao jusqu'aux bouches du Rhône.

Au commencement du quinzième siècle, le mouvement commercial du port était devenu si important que les navires n'y trouvaient plus place pour s'abriter. On décida d'entreprendre un môle de protection que la mer balaya. Les travaux reprirent, et l'on parvint en 1474 à construire une digue résistante : c'est l'origine du port actuel. Il est aujourd'hui un des plus importants de la Méditerranée, et au point de vue économique le premier de l'Espagne. Marseille, Gênes, Trieste, Alexandrie sont les seuls ports méditerranéens pouvant le concurrencer ou le dépasser en importance.

Pendant ces six dernières années, le trafic a été considérable : la moyenne des entrées a été de 3 845 bateaux par an qui ont déchargé 1 960 445 tonnes de marchandises et en ont chargé 520 308.

Comme les autres ports de l'Espagne, le port de Barcelone est propriété d'Etat et il est administré par une commission dans laquelle les autorités techniques sont représentées (marine, douane, santé), les corporations administratives locales (municipalité, conseil provincial et les institutions ayant un caractère économique, telles que la Chambre de commerce, la Chambre d'industrie, l'association pour le développement du travail national, l'association des armateurs, l'association des affréteurs, etc.).

C'est avec des fonds provenant d'un impôt prélevé sur les importations qu'il a été construit ; ces mêmes fonds servent à l'agrandir, à l'embellir et à l'améliorer. En outre, depuis 1909, l'Etat lui octroie une subvention annuelle de 150 000 pesetas. Et pour faire face aux importantes dépenses exigées par les ouvrages en cours, depuis 1900 la commission a émis des emprunts pour la coquette somme de 28 millions de pesetas, les intérêts et les amortissements étant couverts avec les ressources que fournissent l'impôt et la subvention de l'Etat.

En 1868, totalement dépourvu de hangars, de magasins, d'outillage, le port de Barcelone, fort peu abrité, comptait seulement 550 hectares. Aujourd'hui, la longueur de son môle d'abri est de plus de 3 kilomètres, la totalité des installations occupe un emplacement de 300 hectares, dont 85 hectares pour la rade extérieure, 150 hectares de darses commerciales entièrement à l'abri, et le reste occupé par les quais. Pour l'accostage, le port dispose de 8 kilomètres et demi de quais dont la profondeur varie entre 8, 11 et 20 mètres ; des espaces mesurant au total plus de 2 550 000 mètres carrés, dont plus du cinquième sont couverts et destinés à l'entrepôt des marchandises. Bientôt, d'ailleurs, les entrepôts couverts dépasseront le tiers de la superficie totale.

Un réseau de plus de 9 kilomètres relie le port aux gares de chemin de fer, et son outillage, qui comprend des ponts-grues, des grues hydrauliques, électriques, grues à la main et grues flottantes, est des plus complets qui soient. Pour la conservation des marchandises, on a construit des magasins généraux sur une superficie de 7 200 mètres carrés, comprenant des sous-sols et quatre étages d'élévation, pourvus de chambres frigorifiques et de tous les appareils élévateurs les plus perfectionnés.

Un dépôt commercial existe en outre qui permet la réexportation sans dédouanement ; de plus, un dépôt franc, administré par un consortium, est en voie d'installation, il est placé sous le régime de la nouvelle loi espagnole concernant cette catégorie de magasins.

Une cale sèche à flot, système Clark et Stanfield, permet la mise à sec de navires de 170 mètres de long, jaugeant 6 000 tonnes.

Il existe aussi, outre une installation pour le carénage des navires de 300 tonnes, divers chantiers maritimes qui appartiennent à des entreprises particulières.

Des améliorations sont constamment en voie d'exécution ou en projet ; les principales consisteront dans des silos pour le magasinage de 50 000 tonnes de céréales, un train de dragage, un bâtiment pour le dépôt franc, une cale sèche qui pourra recevoir des navires de plus de 170 mètres de long, une centrale électrique et enfin un port intérieur complémentaire qui sera construit à gauche du delta de la rivière Llobregat.

Voici les principaux armateurs :

	Bateaux.	Tonnage brut.
		(Tonnes)
Compañía Trasatlántica.......	21	98 697
La Transmediterránea........	12	19 453
Hijos de José Tayá...........	9	17 186

De plus, le port est desservi par plusieurs compagnies de navigation espagnoles des ports de Cadix, Bilbao, Séville, et est visité régulièrement par des navires de multiples entreprises étrangères qui fréquentent les routes d'Amérique, d'Orient et d'Extrême-Orient.

Il n'est pas de spectacle plus grandiose ni qui donne davantage le degré de vitalité de Barcelone que celui qui frappe les yeux des terrasses de Miramar, de ce menaçant *Monjuich*. Le regard ne peut plus se détacher du mouvement incessant de ce port merveilleux tout pailleté d'or sous la coupole bleue du ciel. Plus de muraille de mer, mais des entrepôts immenses où se déchargent les produits les plus divers : cacaos odorants, cannelle au parfum violent, et le café et le riz, et le maïs et le poivre.

Et l'on songe que les armateurs et négociants catalans, si frappés par le traité de Paris de 1898, ont eu raison de tenir tête à la mauvaise fortune, car désormais le plus bel avenir s'ouvre devant la marine marchande.

CHAPITRE V

L'Industrie
et l'Expansion commerciale

Quand un peuple, secouant sa torpeur ancestrale, prouve qu'il est capable d'entrer en concurrence avec ceux qui, orgueilleux de leur passé laborieux, trouvent commode de perpétuer la légende de la paresse espagnole, ce peuple a le droit de regarder sans rougir le chemin qu'il a parcouru depuis le temps où Micer Andrés Navajero, ambassadeur de Venise auprès de Charles-Quint, disait de lui : « Il aime la guerre et il préfère faire fortune par ce moyen en allant aux Indes, car il n'est pas industrieux et il ne sème ni ne cultive la terre de bonne volonté. »

Un développement continu prouve que, si l'Espagnol ne va plus aux Indes pour faire fortune, il demande maintenant à son industrie et à son commerce les moyens de devenir riche, qu'il allait chercher bien loin autrefois. Le temps est passé, où, parce qu'il se piquait d'être plus ou moins noble, il avait le mépris invétéré de toute occupation manuelle, qu'il abandonnait dédaigneusement aux musulmans, ces vaincus de la guerre. Il n'est plus maintenant besoin d'édit, comme en 1682, pour réhabiliter le travail et déclarer la possession des fabriques compatible avec la noblesse ; l'Espagnol a compris que la véritable grandeur d'un pays est fait de son labeur, et que sa décadence commence quand il néglige ou qu'il viole les lois économiques.

L'industrie, qui, jusqu'ici, n'a pas eu l'importance de l'agriculture, est particulièrement encouragée par les pouvoirs publics ; la politique douanière à son égard en est une preuve.

C'est en Catalogne, en Aragon, en Biscaye, dans le Guipúzcoa, dans la province de Valence que l'on trouve les établissements les plus importants pour toutes les branches de l'industrie. Il n'y a guère que la meunerie, les industries de la soie et celle du sucre qui soient disséminées un peu partout.

Peu à peu les capitaux s'engagent dans des affaires industrielles, alors qu'après la guerre américaine ils répugnaient à s'employer.

On assiste même à un mouvement de « nationalisation » de certaines industries, évidemment les plus anciennes et les mieux assises, comme celles des chemins de fer, des mines, de la navigation. Enfin, les industriels, encouragés par le succès, cherchent, ce qu'ils ne faisaient pas jusqu'alors, à améliorer leurs procédés de fabrication ; peut-être justement parce qu'ils ont plus à lutter, et contre les grèves, et contre la hausse des matières premières, ils ne se laissent pas endormir dans un bien-être trompeur, et les petites entreprises mal dirigées, mal outillées qui ne peuvent vivre que grâce à des droits exorbitants font place à des entreprises plus vastes et bien comprises, vraiment dignes de se développer.

L'expansion industrielle espagnole sera donc bien un peu due au bouleversement mondial 1914-1918, car auparavant, toutes les industries, figées dans un semblant de bien-être, ne faisaient rien pour enrayer cette décadence qui atteignait peu à peu toutes les branches.

L'industrie du coton, la plus ancienne et la plus importante, semblait particulièrement touchée. Après la guerre de Cuba, les exportations d'articles de coton qui, auparavant, s'élevaient à 3 540 tonnes, descendaient en 1906 à 2 246 tonnes. Les Catalans, principaux producteurs, auraient fait preuve de sagesse en limitant la fabrication, mais ils n'eurent qu'une idée : écouler les stocks invendus en encourageant les exportations à l'étranger; on espérait que les bons prix obtenus sur les marchés de la Péninsule compenseraient les pertes faites à l'étranger. C'était une erreur; et il a fallu pour la réparer la formidable augmentation du mouvement commercial extérieur de l'Espagne pendant ces dernières années.

Nous avons déjà dit que l'industrie sucrière pourra devenir une des plus florissantes de l'Espagne. L'industrie des rails de chemin de fer s'est, elle aussi, ouvert de nombreux débouchés à l'étranger, comme aussi celle de la verrerie dont la fabrication se limite surtout aux bouteilles et aux articles communs. Il existait en 1911 : 84 fabriques de verres communs, 7 fabriques de vitres et 29 établissements qui produisent des articles plus fins. Ces établissements forment un « cartel » dont la durée a été prolongée alors de dix années.

De tout temps, l'industrie des armes a été en honneur en Espagne. Au dix-huitième siècle fut construite à Tolède la célèbre manufacture d'où sortaient ces fines lames que les princes s'enorgueillissaient d'avoir au côté et ces mille objets dont les niellures étaient exécutées par d'habiles artisans. Depuis longtemps les ferronniers de Tolède n'avaient pas leurs pareils : tout l'équipement du cavalier, armes, pourpoint, harnachement du cheval, éperons, cotte de mailles, ils faisaient tout à la perfection. Le principal centre de cette industrie est maintenant dans la province de Guipúzcoa, à Eibar. En 1911, l'exportation atteignait : 5 210 000 pesetas. Cette ville compte 11 000 habitants dont 3 000 travaillent soit à la bijouterie damasquinée, soit à la fabrication des armes à feu.

Les industries électriques se trouvent surtout en Catalogne (310 fabriques avec 527 générateurs). Madrid n'en possède que 53, employant 154 générateurs; 1 433 fabriques se répartissent entre les provinces de Saragosse, de Biscaye, de Valence, de

Séville, d'Oviedo, de Navarre, de Guipúzcoa, de Gérone.

L'industrie de la laine a souffert de la même crise que celle du coton; le temps est loin où les étoffes d'Almeria jouissaient d'une renommée universelle; c'est la Catalogne qui est le siège de l'industrie lainière. On compte 42 fabriques à Barcelone, 85 à Sabadell et 29 à Tarrasa.

Quant à celle de la soie, en grand honneur au seizième siècle, où les satins de Tolède, de Séville et de Cordoue rivalisaient entre eux et paraient toutes les nobles dames, elle n'a pas fait les progrès qu'on était en droit d'attendre. Il n'existe d'outillage moderne qu'en Catalogne, à Valence et à Saragosse; dans le Sud, on travaille encore avec des machines tout à fait primitives.

Un grand nombre de fabriques de papier ont été ouvertes au sud des Pyrénées, mais elles n'ont pas l'outillage nécessaire pour occuper une place de choix.

L'exportation des chaussures et celle des « alpargatas » atteignait, en 1911, 11 400 000; celle du liège ouvré ou semi-ouvré : 37 159 974 pesetas pour 5 144 245 kilogrammes. Le centre principal de cette industrie se trouve dans la province de Gérone, à Palamos et à San Feliu de Guixols. Dans toute la Catalogne, elle emploie 25 000 personnes.

L'industrie des conserves est une de celles qui se sont le plus développées; la plupart des fabriques de conserves de sardines se trouvent à la Corogne, Vigo, Irun, Santander, Saint-Sébastien.

La fabrication de la glycérine est importante ; l'Espagne exporte la moitié environ de la production totale ; cette industrie occupe de nombreuses distilleries à Madrid, Barcelone, Bilbao, Saint-Sébastien et Séville.

Très active est l'industrie du ciment, sa production annuelle est évaluée à un demi-million de tonnes, les centres principaux se trouvent dans les provinces de Barcelone, de Biscaye, de Gérone, de Valence, de Lérida, de Tarragone, de Saragosse, de Guipúzcoa.

L'industrie du meuble, comme celle de la céramique, assez développée, n'intéressent que la consommation intérieure.

Quant à celle du cuir, tous les amateurs vont le chercher à Cordoue, comme si les Maures travaillaient encore les peaux de chèvre et d'agneau : ils risquent de faire plus d'un détour avant de trouver ce cuir repoussé aux tons fauves qui a fait l'ornement de tant de palais magnifiques : à Cordoue, l'industrie du cuir est totalement morte. Ce n'est guère qu'à Tolède qu'ils trouveront quelques objets de luxe finement travaillés.

Un peu partout s'est développée l'industrie métallurgique, mais principalement dans les provinces basques. Il suffit, même sans statistiques, pour en être certain, de voir combien Bilbao regorge d'or. On y compte maintenant plusieurs fortunes supérieures à 500 millions. Les heureux possesseurs de tant d'argent

Barcelone. — Une usine.

ne savent comment le dépenser, car ils sont, en général, de mœurs très austères : aussi achètent-ils tous les objets de luxe qui leur tombent sous les yeux ; l'auto est le premier objet de leur convoitise, si bien qu'on pouvait voir dernièrement, dans une petite plage voisine de Bilbao, 1 200 grosses autos alignées devant le casino un jour de régates, et un dimanche 5o voitures stationner à l'heure de la messe devant la petite église de Fontarabie.

On trouve des fabriques d'automobiles à Barcelone, notamment la maison Elizalde ; des fonderies d'acier en Biscaye, en Guipúzcoa, à Oviedo, à Santander, à Barcelone, à Malaga, en Navarre ; des fonderies de bronze à Barcelone, en Biscaye, à Santander, dans le Guipúzcoa, à Saragosse, à Albacete ; des fonderies de canons à Valence et à Trubia ; des fonderies de cuivre à Barcelone, en Biscaye, à Oviedo, à Albacete et à Huelva ; des fonderies de cuivre en Biscaye, à Santander et dans le Guipúzcoa ; des fonderies de plomb à Murcie, à Cordoue et à Almeria.

C'est à Séville, dans le faubourg de Triana, que se groupent en grand nombre les célèbres fabriques d' « azulejos », ces briques émaillées, où les tons les plus chauds et les plus ardents se fondent dans les plus douces harmonies.

Le commerce extérieur de l'Espagne s'élève à une moyenne de 2 milliards 25o ooo pesetas, qui équivaut à 112 pesetas par habitant, dont 54,35 pesetas pour l'exportation et 58,35 pour l'importation.

Voici le détail pour quatre ans :

	Importation (en pesetas).	Exportation (en pesetas).	Total général.
1914.........	1 110 865 919	943 090 553	2 053 956 472
1915.........	970 320 489	1 248 240 811	2 218 561 300
1916.........	1 281 467 949	1 383 378 282	2 664 846 231
1917.........	1 326 168 211	1 324 590 348	2 650 758 559

Ces dernières années, d'après les données de la Chambre de commerce, prouvent une hausse constante. L'Espagne paraît songer à devenir une nation commerçante, ce qu'elle ne fut jamais, même au temps le plus glorieux de sa splendeur; et cette infériorité ne doit pas être attribuée à l'insuffisance de son industrie, mais bien plutôt à son manque d'esprit mercantile. Les Espagnols, séparés du Maroc par une distance infime, n'occupent dans le commerce de ce pays que le troisième ou quatrième rang; ce n'est que depuis qu'une subvention de plus de 1 million de pesetas a été accordée à la compagnie « Correos de Africa », qui a intensifié son mouvement de navires, que le commerce espagnol au Maroc a atteint 9 265 263 francs.

Avec les républiques latines du Nouveau Monde, ce n'est que depuis 1898 que l'Espagne cherche à compenser la perte des marchés des Antilles et des Philippines en cherchant à accroître son trafic avec l'Argentine en particulier, l'Uruguay, le Mexique et le Chili.

Les Carolines, les îles Mariannes, des archipels de

l'Océanie sont restés pendant des siècles la possession des Espagnols sans qu'ils songeassent à les exploiter. Il en a été de même des petits points du golfe de Guinée qui leur appartenaient et qui, jusqu'en 1908, ont été pour ainsi dire abandonnés. On a commencé à ce moment à s'occuper d'eux, comme aussi des Canaries; mais on a fait surtout des projets; il est à souhaiter pour les Espagnols qu'ils soient réalisés, car d'autres qu'eux, plus ambitieux, viendront peut-être, avant qu'il soit longtemps, faire œuvre d'adoption.

Jusqu'alors, il faut bien le dire, si les gouvernements avaient une certaine responsabilité dans cet état de choses, il était dû surtout au manque d'initiative des particuliers; les capitalistes, s'ils avaient peu de confiance dans les placements industriels de leur pays, répugnaient encore bien davantage à engager leurs fonds dans des entreprises commerciales. Tout change; alors que le manque de capitaux était encore aggravé par l'insuffisance des établissements de crédit, on a pu constater que l'éclosion des uns avait fait naître les autres, et que l'activité nationale s'en était immédiament ressentie. Désormais, les Espagnols ne laissent plus aux commissionnaires des autres pays le soin exclusif d'expédier un peu partout leurs légumes précoces et leurs fruits savoureux. Le commerce des vins, des huiles, des chaussures, qui prend chaque jour une importance croissante, n'est plus seulement aux mains des Anglais, des Français ou des Allemands; les habitants de la Péninsule s'aperçoivent enfin qu'ils ont chez eux des sources de richesses qui ne demandent qu'à être exploitées, et des maisons bien espagnoles s'ouvrent un peu partout, ayant à leur tête cette petite et cette moyenne bourgeoisie aux qualités solides qui peu à peu avaient abdiqué, leur situation matérielle ne répondant pas à leurs ambitions.

La dénonciation de tous les traités de commerce qui liaient l'Espagne va la rendre maintenant absolument libre d'orienter son commerce dans le sens qui paraîtra le plus favorable à ses intérêts.

Tout d'abord, la thèse de 1916 qui consistait à suivre une politique douanière basée sur les sentiments, avait eu un certain succès. D'après cette thèse, on aurait subdivisé les tarifs de douanes en quatre catégories suivant le degré de sympathie envers les Alliés. Il y aurait eu un tarif pour les Alliés, un pour les nations franchement sympathiques, un pour les neutres, un pour les ennemis.

Puis, la politique a évolué pour faire place à une conception plus en rapport avec les réalités.

La première, l'Angleterre a dénoncé tous ses traités de commerce, bientôt suivie par la France et l'Italie.

L'Espagne, à son tour, les a imitées et, le 20 septembre 1919, elle a dénoncé toutes ses conventions commerciales en vigueur : le *modus vivendi* avec la France, de décembre 1893, prorogé *sine die* par les déclarations échangées le 29 novembre 1906 ; les conventions avec la Suède, la Hollande, la Norvège en 1892 ; le *convenio* de 1893 avec le Danemark ; enfin le

Moteur d'aviation « Elizalde ».

traité de commerce avec la Suisse de 1906, base de toutes les relations commerciales de l'Espagne, en vertu de la clause de la nation la plus favorisée que ce traité contenait.

Désormais, l'Espagne pourra, au moyen des tarifs de douanes, des autorisations, de l'intervention des marchés intérieurs et des tarifs de transport, contrôler, comme elle l'entendra, ses importations et ses exportations.

Comme les principaux acheteurs de l'Espagne sont la France, l'Angleterre, l'Argentine, la Hollande, Cuba, son intérêt sera donc de développer le plus possible ses relations avec ces différents pays et de leur accorder un traitement de faveur lors des futures négociations commerciales.

C'est l'Amérique espagnole, et en particulier Cuba, qui offre, à l'industrie de la Péninsule le plus vaste champ d'action. Quant à la France et à l'Angleterre, elles demeureront, sans nul doute, les importants consommateurs des produits de sa terre. En même temps, la France peut trouver en Espagne un débouché considérable ; la place de l'Allemagne est à prendre, et quelle place, si l'on se rappelle qu'avant 1913 elle envoyait pour 185 millions de marchandises !

Très pratiques, l'Angleterre et les États-Unis, dont le sens commercial est rarement en défaut, ont compris l'intérêt des relations cordiales avec l'Espagne ; leurs efforts ne sont pas vains ; traduits par la création de banques et l'envoi de missions d'études, ils commencent à en recueillir le bénéfice.

Plus idéaliste, la France s'est cantonnée jusqu'ici, à peu près exclusivement, dans le domaine intellectuel. Peut-être aurait-elle choisi la meilleure part, en ne développant que des relations d'art, si les autres pays ne guettaient, pour l'occuper, la place vacante. Ils n'ont pas manqué de souligner les décrets du 13 juin et du 7 juillet 1919, relatifs aux marchandises dont l'importation reste prohibée (vins de liqueurs, mistelles de toute nature).

Il est à souhaiter que la situation ne reste pas indécise, que des deux côtés des efforts soient faits pour le plus grand bien des intérêts communs ; car de la force et de la prospérité des deux pays voisins dépendent non seulement leur richesse personnelle, mais encore le parfait équilibre qui laissera le monde en paix.

CHAPITRE VI

L'Agriculture

Source inépuisable de richesses, l'agriculture, en Espagne, a fait dans ces dernières années des progrès considérables ; elle n'occupe cependant pas encore la place de choix qui devrait lui être dévolue de par la diversité de ses climats, qui lui permettent une variété de productions plus grande que dans les autres pays d'Europe.

Le retour à la terre, tant prôné en France, devrait être en Espagne l'appel à la terre ; car, jusqu'en 1914, de l'aveu des pouvoirs publics eux-mêmes, les terrains incultes s'élevaient à 48 p. 100 de la superficie totale, alors qu'ils n'occupent en France que 9 p. 100 du territoire, 9,4 p. 100 en Belgique, 10 p. 100 en Allemagne, 19,3 p. 100 en Italie, 2,3 p. 100 en Hollande, et 28,4 p. 100 en Grande-Bretagne.

Pourquoi, jusqu'à ces toutes dernières années, l'Espagne était-elle dans un aussi flagrant état d'infériorité ? C'est que, à côté de régions naturellement très riches comme toutes celles qui avoisinent Grenade, Malaga, Murcie, Almeria, Alicante qui sont de véritables oasis, à côté de la *huerta* valencienne et des flancs des Pyrénées cantabriques, partout ailleurs, au centre et au sud, abondent les terres pauvres où la proportion du silex est de 60 et même de 70 p. 100 et qui nécessitent, pour leur mise en valeur, beaucoup d'engrais et beaucoup d'eau.

L'eau, c'est elle la grande dispensatrice d'abondance et elle se déverse avec la plus capricieuse irrégularité sur toute la Péninsule. Faute d'évaporation au-dessus du sol, la vapeur d'eau qui provient de l'océan traverse l'Espagne sans se résoudre en pluies. C'est dans les régions côtières du Nord-Ouest seulement que la chute annuelle varie entre 750 et 1 000 millimètres. Dans le centre, elle est inférieure à 600 millimètres, et dans les régions de Ciudad Real et d'Almeria, c'est à peine si elle atteint 300 millimètres.

Les pluies sont aussi rares qu'irrégulières, leur variation est énorme selon les saisons et même selon les années. C'est ainsi qu'en juin, il ne tombe en moyenne guère plus de 50 millimètres d'eau dans la région septentrionale et 25 millimètres dans le sud. En juillet et en août, le coefficient est dérisoire.

Les fleuves ont des débits déconcertants d'irrégularité ; quant aux rivières, leur lit demeure presque toujours à sec ; par contre, quand vient la fonte des neiges et une saison de pluies, les minces filets d'eau se transforment soudain en torrents impétueux.

Une étude approfondie des terrains permettrait sans doute de remédier à cet état de choses. Le temps n'est peut-être pas éloigné où des ingénieurs, ne faisant que renouveler les exploits des Romains, ces maîtres de l'hydraulique qui construisaient des kilomètres d'aqueducs pour tirer l'eau des montagnes en Algérie et en Tunisie, parviendront à corriger la nature et à rendre toute l'Espagne comme cette huerta de Valence où les eaux du *Turria*, captées par huit grandes dérivations, donnent la vie à plus de 10 000 hectares de terrain. Puisque les Arabes, s'inspirant aussi des Romains, ont réussi ces irrigations merveilleuses de la plaine de Valence, de quoi ne pourrait pas être capable la fécondité scientifique contemporaine?

Quand on songe qu'un hectare de terre irriguée vaut environ 5 000 pesetas, alors que la même surface non irriguée n'en vaut pas même 1 000, on peut s'imaginer aisément dans quelles notables proportions la production serait augmentée si les bienfaits de l'irrigation pouvaient s'étendre.

Tout ce travail merveilleux qui a fait la richesse de la plaine de Valence est plein de détails et de prévoyance. Et pourtant ce ne fut pas chose facile que d'organiser pratiquement cette distribution de l'eau bienfaisante, liquide précieux, dont l'usage gratuit est un droit imprescriptible pour la communauté des terriens de la Huerta.

Le maître Blasco Ibáñez, dans son immortel chef-d'œuvre, *la Barraca*, a décrit magistralement les conflits qui peuvent naître de l'usage bien ou mal fait de cette eau, source de vie et de mort pour ceux à qui elle appartient.

Et l'on admire l'ingéniosité qui a permis de répartir équitablement le liquide fécond entre tous les habitants de la huerta. Sept canaux existent qui forment les sept branches mères. A chacune des sept branches mères correspond un jour de la semaine ; ce jour-là, pour élever le niveau de l'eau, une des branches emprunte l'eau de ses voisines, à charge de revanche, bien entendu. Seulement, comme tous les petits filets qui s'alimentent à la branche mère sont excessivement nombreux, on commence par ouvrir ceux dont le niveau est le plus élevé et de même que la branche mère a son jour dans la semaine, chacun des filets d'eau a son heure dans la journée. Quand ce moment arrive, le propriétaire dont c'est le tour défait la digue de gazon qui ferme sa rigole, l'eau monte, et à mesure qu'elle vient à passer devant chaque pièce de terre, le propriétaire procède de même et lui donne accès sur son champ ; peu à peu toute la terre est submergée, car le lendemain les choses se passent de la même façon dans une autre partie des terrains, si bien qu'à la fin de la semaine, toute la campagne a reçu son arrosage bienfaisant.

La grande difficulté a été de remédier aux différences de niveau des terrains, et les petits canaux et les ponts-aqueducs qui y suppléent sont de véritables œuvres d'art. On peut voir, à chaque pas, des petits canaux qui passent sur les grands, des miniatures d'aqueducs construits les uns sur les autres, pour porter l'eau à quelques mètres. Parfois, au milieu d'un terrain plat, le chemin s'élève, c'est qu'alors un aqueduc souterrain passe par là.

On peut dire que jamais l'homme n'a mieux asservi la nature à ses intérêts que dans cette immense plaine où se cultivent à la fois le blé, le chanvre et le maïs, les fruits les plus divers, toutes les variétés de légumes, l'oranger, le grenadier et le poirier, l'olivier et le caroubier, et la vigne. Ces végétaux si dissemblables compliquent les difficultés de l'arrosage, peu importe : le Valencien dans sa ruche ne se repose jamais ; infatigable, la terre, la bonne terre nourricière semble lui communiquer sa sève ; attaché au sol, il semble en faire partie intégrante et il est pour une bonne part, par l'appoint qu'il fournit et par l'exemple qu'il donne, dans le rôle joué par l'agriculture dans l'économie nationale. D'autres provinces suivent peu à peu cet élan, les seuls *riegos* ou travaux d'irrigation de l'Aragon supérieur mettront en valeur plus de 300 000 hectares.

D'une façon générale donc, l'on doit dire que l'Espagne assiste non à un renouveau agricole, mais à un mouvement qu'elle n'avait pas connu jusqu'alors. Et cela, non pas seulement grâce à l'action de l'Etat, mais surtout grâce à l'initiative individuelle, aux connaissances techniques plus développées, à l'esprit d'association.

Alors que dans un grand nombre de provinces, jusqu'à ces derniers temps, les procédés de culture n'avaient guère varié depuis la domination romaine, les machines agricoles font maintenant peu à peu leur apparition ; les Espagnols abandonnent la vieille routine ; il suffit, pour s'en convaincre, d'avoir vu en Andalousie une charrue double, du modèle le plus récent et traînée par quatre bœufs, labourer la terre à 60 centimètres de profondeur, et cela dans une province où, dans bien des endroits encore, la moisson se fait en coupant le blé assez haut, laissant aux bêtes le soin de brouter le reste, et où le blé se bat, comme il y a soixante ans en France, à l'aide de mules tournant en rond ! Puisque l'exemple est donné, que le progrès est en marche, il n'y a plus de raisons maintenant pour que les cultivateurs, soucieux avant tout de leurs intérêts, s'attardent dans le passé. Le paysan, âpre au gain, constatera que le concurrent bien outillé gagne davantage que lui, et plus que toutes les théories cet argument le décidera à transformer son mode de culture : ainsi l'intérêt individuel assurera le bien général.

Et cette opinion n'est pas dénuée de fondement, on peut aisément la vérifier en constatant par les chiffres d'importations que les achats d'engrais et de machines agricoles sont en constante progression. L'importation du matériel agricole est passée de 4 218 tonnes en 1910 à 7 835 tonnes en 1916, et la même année, il a été importé 355 000 tonnes d'engrais de toute nature, preuve péremptoire que l'agriculteur espagnol aban-

Dernier châssis Elizalde

Dernier châssis Elizalde.

donne peu à peu les vieux procédés pour s'adapter aux méthodes modernes.

L'Andalousie, les Castilles, la Catalogne, l'Aragon, les provinces basques sont les régions les plus remarquables au point de vue de la production des céréales. Evidemment, les chiffres pourraient être plus élevés que ceux que nous donnent les statistiques de 1918. Mais la superficie d'hectares cultivée est tout de même passée de 3 862 000, chiffre des dernières années pour la culture du blé, à 4 139 414.

La vigne est cultivée sur environ 1 400 000 hectares ; elle a fait en un temps la fortune de l'Espagne. En ce qui concerne l'exportation en France, les droits de douane d'abord ont entravé le développement de son commerce, puis, plus récemment, les prohibitions ont amené plus d'une aigre remarque sur les lèvres de tous ceux qui ont intérêt à ce que le marché français reste largement ouvert au vignoble espagnol.

La Catalogne, la Nouvelle Castille, l'Aragon, l'Andalousie, les provinces du Levant sont les grandes régions vinicoles dont les centres sont : Barcelone, Tarragone, Ciudad-Real, Valence, Alicante, Málaga, Logroño, Cádiz et Jérez. La valeur des vins espagnols est très variable, çeux de Málaga, de Jérez et d'Alicante ont une renommée universelle, et les soins qui leur ont été donnés leur ont fait acquérir une saveur et une finesse remarquables.

Quant aux vins ordinaires, ils sont riches en couleur, en alcool et en tanin. S'ils étaient traités comme les vins de Bordeaux, ils acquerraient un bouquet analogue. On a pu s'en rendre compte dans la Rioja et à Logroño en employant de la main-d'œuvre venue de la région bordelaise.

On évalue la production totale des raisins secs à 752 000 quintaux.

Les plantations d'oliviers dominent en Andalousie, dans la Catalogne, la province de Valence, le climat sec et chaud se prêtant à merveille à cette culture ; mais en Aragon, en Castille, dans la Manche, vous rencontrez aussi les feuillages argentés où luisent les olives. Bien préparées, elles fourniraient une huile de choix; malheureusement elles sont encore traitées avec des procédés trop rudimentaires.

Parler des fruits, c'est parler de la richesse de l'Espagne. Un peu partout on les cultive ; l'abricot et la pêche sont des sources de gros revenus pour la campagne de Tolède qui, au printemps, est un véritable paradis.

Même féerie à Cordoue ; les plaines, là, se couvrent d'orangers. En avril, le même arbre se garnit de fleurs et de fruits : pluie d'or et d'argent qui exhale un parfum enchanté. Dans la région du Levant, dans les Baléares, dans toute l'Andalousie, les mêmes senteurs enivrantes vous poursuivent. Elles sont pour l'Espagne la cause d'une richesse annuelle de 70 millions de pesetas.

Plus modeste, mais encore importante est la production de l'amandier : 49 millions de pesetas ; ses principaux centres sont les provinces du Levant, la Catalogne, les Baléares.

Vient ensuite le caroubier avec 32 millions de pesetas, cultivé dans le Levant, la Catalogne, les Baléares, l'Andalousie.

La valeur de la production de la châtaigne (Galice, Asturies, Navarre, Provinces basques, Léon) est de 19 millions de pesetas.

Le noisetier est abondant en Catalogne, le pommier se trouve partout, mais surtout en Navarre, dans les provinces basques, les Asturies, la Galice ; la valeur de la production est estimée respectivement à 13 et 12 millions de pesetas.

La perte de son empire colonial a rendu à l'Espagne sa production sucrière. Des champs de canne s'étendent dans la région de Málaga. La culture de la canne appelle celle de la betterave sucrière ; cette dernière introduite dans le bassin de Grenade, dans cette Vega féconde, y pousse à merveille, et comme les bénéfices sont doubles des frais, un peu partout, en Castille, en Aragon, dans l'Estrémadure, on a planté des betteraves, et il reste encore d'immenses territoires éminemment propres à cette culture ; aussi le plus bel avenir peut être prédit à l'industrie sucrière et par là même à la production du tabac et du coton, puisque, la betterave exigeant des cultures alternantes pour que la terre puisse reposer, on reprend un peu partout les plantations de coton et de tabac.

Pour donner une idée d'ensemble des principales

productions du sol espagnol, il suffira de jeter les yeux sur les chiffres ci-dessous qui sont fournis pour l'année 1918 :

	Superficie cultivée. — Hectares.	Production. — Quintaux métriques.
Blé	4 139 414	36 934 289
Orge	1 703 557	19 703 426
Seigle	735 901	7 733 387
Maïs	473 097	6 132 251
Riz	44 723	2 076 484
Avoine	609 792	4 423 303
Huile	1 504 273	4 278 376
Pois chiches	»	1 167 274
Haricots et pois	»	2 133 698
Fèves	»	2 006 055
Lentilles	»	192 984
Arachides	»	220 670

On peut se rendre compte aisément que non seulement ces cultures nourrissent le pays, mais que l'exportation de ces produits doit appeler chaque jour davantage l'attention du gouvernement.

Quant à la richesse provenant de l'élevage, elle est, elle aussi, en constante progression. Des statistiques de 1911 donnaient, dans un calcul approximatif, la somme de 2 940 millions de pesetas comme valeur du bétail espagnol. Il est maintenant de 4 milliards environ avec 512 000 chevaux, 925 000 mules, 830 000 ânes, 3 millions de bovins, 16 millions de moutons, 3 200 000 chèvres et 2 800 000 porcs.

Même en tenant compte de la plus-value de tous les animaux, leur nombre a subi une marche ascendante.

Les congrès agricoles qui se multiplient prouvent l'importance que les Espagnols attachent à leur avenir agricole ; la masse n'est plus en léthargie, de ce fait que des gains inespérés ont récompensé les efforts de ceux qui se sont attachés à faire produire le sol ; et il semble que de plus en plus, même dans les régions réputées les plus arriérées, un mouvement de rénovation se produit, chaque jour plus affermi et plus raisonné.

NOTE. — *C'est surtout à l'obligeance compétente de Mc Knoblanch, secrétaire de la Chambre de commerce espagnole de Paris, que nous devons les principaux renseignements d'ordre économique donnés dans ces chapitres.*

CHAPITRE VII

Les Voies ferrées, la Navigation, les Mines

Sans doute les poètes et les esprits romantiques feront-ils la grimace en songeant à tout ce que l'Espagne perdra en originalité quand elle sera sillonnée de chemins de fer inélégants. Pour tous ceux qui, égoïstement, voudraient pétrifier la patrie du Cid dans l'unique culte du passé, les vieilles routes d'autrefois avec leurs diligences surannées et les « posadas » chères à Don Quichotte n'auront plus aucun charme quand elles seront carrossables. Peu leur importe que des contrées pleines de ressources restent inexploitées à cause de leur isolement ; ils regrettent le temps où, bourdon en main, la gourde à la ceinture, des coquilles sur le camail, le voyageur ne pouvait se rendre au pèlerinage de Saint-Jacques de Compostelle qu'en caravane à cause des dangers de la route. Et ces ennemis du progrès ont eu des devanciers, car l'Espagne a toujours été des plus arriérées au point

de vue des communications. Cette situation remonte
aux époques les plus reculées ; les Arabes, qui firent
pourtant de si magnifiques travaux, construisirent peu
de routes. Quant aux Rois, ils s'en soucièrent fort peu
jusqu'à Charles III, qui fit percer trois routes mesurant
un parcours de 2 000 kilomètres environ, routes pra-
ticables aux voitures, car jusqu'alors les chemins qui
existaient n'étaient guère accessibles ; seuls, cavaliers
et troupeaux pouvaient s'y aventurer.

Aussi ne faut-il que plus admirer l'effort fourni au
dix-neuvième siècle. Il n'est pas sans mérite d'avoir,
avec les très faibles disponibilités de l'État espagnol,
pu construire en soixante-dix ans 52 000 kilomètres de
routes et 12 000 kilomètres de chemins de fer. L'établissement de ces derniers, surtout, nécessita souvent un véritable tour de force, car toutes les grandes
lignes, partant de Madrid, s'éloignent en éventail vers
la périphérie et par conséquent doivent, au lieu de
suivre comme partout ailleurs en Europe des pentes
naturelles, prendre les fleuves par le travers, compenser les multiples différences de niveaux par de
compliqués travaux d'art, l'Espagne étant toute en
montagnes et en plateaux.

Ce qui existe, du reste, est bien loin de suffire aux
besoins du pays. La France possède un chiffre de
routes trois fois supérieur à celui de l'Espagne. Cette
dernière ne peut offrir que 298 kilomètres de chemins
de fer par 10.000 kilomètres, alors qu'il y en a 580 en
Italie, 762 en Autriche, 874 en France, 1 007 en Alle-

magne, 1 180 en Grande-Bretagne et 1 623 en Belgique.

De plus, la plupart des lignes ne répondent pas aux besoins du pays : car on ne s'est pas assez préoccupé de mettre partout le centre en communication avec la périphérie, ni surtout de relier entre elles les régions maritimes.

Quant à l'exploitation, encore qu'elle soit en sérieux progrès, elle laisse encore à désirer ; certes le service est plus rapide et plus régulier qu'il y a une quinzaine d'années, mais dans le sud que de trains peu pressés, de wagons sans confort, et avec quelle absence de logique ont été combinés des arrêts qui vous laissent somnoler dans des bourgades où il n'y a rien à voir, rien à prendre, comme si la machine était quelque pauvre animal qu'il est humain de faire souffler à intervalles réguliers !

Tous les économistes espagnols sont d'accord pour dire que le développement de leur pays exigerait la construction de 100 000 kilomètres de routes au moins et de 30 000 kilomètres de chemins de fer, ou tout au moins 15 000 kilomètres de lignes secondaires. Des plans sont faits où l'on a malheureusement négligé des contrées importantes comme celles du centre, de même on a omis le prolongement de la ligne de Tarragone à Valence qui permettrait d'aller de Paris en Algérie par Carthagène. Mais enfin, tels quels, ces projets réalisés constitueraient un progrès sérieux. Il est à souhaiter que l'initiative privée réponde aux efforts du gouvernement qui ne peut qu'aider par des subventions à la construction de ces lignes. Les capitaux espagnols devraient s'employer à l'amélioration du système des voies ferrées, tout d'abord dans un but patriotique, le développement de la vie économique et sociale de toute l'Espagne dépendant exclusivement de l'extension qui sera donnée à ses voies de communication ; il est à présumer que les entreprises, bien conduites, deviendraient vite rémunératrices. Evidemment, des difficultés financières ont pu surgir il y a quelques années et décourager les bonnes volontés ; mais c'est justement parce que les grandes lignes manquent d'affluents qui leur apportent le mouvement et la vie qu'elles ne donnent pas de résultats plus efficaces.

Au point de vue des relations commerciales entre l'Espagne et la France, sa plus proche voisine, c'est d'une manière tout à fait insuffisante que les communications sont établies entre les deux pays. Les seules lignes existantes sont celles qui passent aux extrémités est et ouest des Pyrénées : celle d'Hendaye à Irun a été ouverte le 24 avril 1864, celle de Cerbère à Port-Bou le 23 janvier 1878.

Quant à la traversée des Pyrénées centrales, elle présentait de telles difficultés techniques, que d'échéance en échéance elle a été remise, malgré la nécessité qui s'en fait sentir dans les deux pays. C'est en 1884 que fut signée, entre les délégués espagnols et français, une convention qui décidait que deux lignes seraient créées : une ligne d'Oloron à Zuera par le Somport, une autre de Saint-Girons à Lérida.

En 1893, puis en 1904, de nouvelles négociations aboutirent au projet d'une troisième ligne, celle d'Ax-les-Thermes à Ripoll par les cols de Puymaurens et de Tosas. Cette dernière voie, d'une construction plus aisée que les deux autres, devait permettre de les attendre. Il est inutile d'insister sur son importance, puisqu'elle est appelée à développer les relations de Toulouse et de l'Ariège avec la Cerdagne, la Catalogne et Barcelone.

Des intérêts particuliers et locaux, des controverses passionnées, des difficultés provenant de la situation financière de la compagnie des chemins de fer du nord de l'Espagne et de la compagnie française du Midi ont nui à la célérité de l'entreprise. La guerre, à son tour, a retardé les travaux du côté de la France, si bien que l'équilibre a été à peu près rétabli et que, de part et d'autre, les travaux en sont à peu près au même point.

Ces voies nouvelles abrégeront de façon très sensible les parcours internationaux. Le trajet par Ax et Ripoll fera gagner 72 kilomètres de Paris à Barcelone sur les 1 109 qu'il y a aujourd'hui par Neussargues et Cerbère. De Paris à Carthagène, on en gagnera 95 par Saint-Girons et Sort sur 1803. Enfin, la distance Paris-Madrid ne sera plus que de 1 127 kilomètres, au lieu de 1 452 par Hendaye.

Un grand obstacle à la facilité de communications

vient de ce que l'Espagne, comme la Russie, a adopté pour son réseau ferré l'écartement spécial de 1 m. 67 au lieu de 1 m. 44 adopté dans les autres pays de l'Europe occidentale et centrale. De gros ennuis et des frais résultent des changements de train et surtout du transbordement des marchandises. Pour remédier à cette situation, il faudrait, ou bien transformer le réseau espagnol sur le type du réseau français, ou, ce qui serait plus simple, ajouter un troisième rail qui permettrait au matériel français de circuler.

L'intérêt de la question dépasse celui des simples relations hispano-françaises. Ce n'est plus s'envoler sur les ailes de l'utopie que de dire que l'Espagne est appelée à devenir un pays de transit intercontinental. Le port de Dakar est le point de l'ancien continent le plus rapproché de l'Amérique. La distance de Dakar à Pernambuco, le point le plus oriental du Brésil, qui est de 1711 milles marins, pourrait être facilement couverte en quatre jours, alors que pour aller de Pernambuco à Lisbonne, il en faut douze à quinze, et vingt-quatre ou vingt-cinq de Pernambuco aux ports de la Manche et de la mer du Nord.

Si bien qu'en établissant une voie ferrée de Dakar à Ceuta par le Sénégal, la côte occidentale du Sahara et le Maroc, puis en creusant un tunnel sous le détroit de Gibraltar, on voit que la ligne la plus rapide de Londres et Hambourg au Brésil passerait par Paris, Madrid, Ceuta et Dakar. Ainsi, Paris serait mis à sept jours du port le plus proche de l'Amérique latine. Et

ce n'est pas là un rêve qui ne repose sur aucune donnée. Dans ces grandes lignes, ce projet a été présenté
à la conférence d'Algésiras par le duc d'Almodovar ;
il est séduisant et la France serait aussi intéressée à sa
réussite que l'Espagne, puisqu'il aurait les plus avan-
tageuses répercussions sur la mise en valeur de l'A-
frique occidentale et du Maroc.

En 1915, un autre projet a été étudié : celui d'une
ligne directe allant de la frontière française à Algésiras ; l'ingénieur Antonio Gonzales y Echarte y a
apporté tous ses soins. Il y a entre Irun et Algésiras
1 385 kilomètres, ce trajet gagnerait 331 kilomètres et,
au lieu de se faire en cinquante-sept heures, il ne demanderait plus que quarante et une heures. Economies
réalisées : 30 p. 100 pour le temps, 25 p. 100 pour la
distance.

Une preuve de l'intérêt pratique de cette idée, c'est
qu'elle a attiré l'attention de « l'International Corporation », l'importante société fondée aux États-Unis
durant la guerre 1914-1918 pour faire participer la
finance américaine aux affaires d'industrie étrangères.
De très près, les Américains ont étudié le tracé de
la ligne ; de plus, ils ont établi un devis en ce qui concerne l'établissement prévu de certains ports. Ils ont
songé aussi à l'électrification de la ligne sur presque
tout le parcours, ce qui serait facile puisque l'Espagne
dans certaines régions dispose de richesses hydrauliques.

Quand on songe à l'avenir réservé aux pays de l'Amérique du Sud, on voit la sagesse qu'il y aurait à songer à l'avance à faciliter leurs moyens de communication avec l'Europe. Les Américains du Nord nous prouvent le bien-fondé de ces projets en s'y intéressant, eux qui, sans question de sentiments, ont leur attention attirée par ces plans.

Il faut bien se convaincre que l'Espagne ne doit plus être regardée comme la pointe de l'Europe, le terminus des voies européennes. Dès aujourd'hui, elle est un tronçon de cette grande voie intercontinentale qui, un jour, reliera l'Europe et l'Afrique à l'Amérique du Sud.

En ce qui concerne la navigation, il semblerait que l'Espagne, avec sa forme péninsulaire et ses 4 000 kilomètres de côtes, devrait tenir une des premières places dans le tonnage de la marine marchande. Et cependant, elle ne figure que parmi les puissances de second ordre. Cela s'explique par le nombre restreint de ports importants qu'elle possède et par l'absence de grandes artères fluviales. En effet, ce manque de voies de communication enlève aux ports la possibilité de s'étendre, possibilité réservée aux centres maritimes desservis par la batellerie fluviale.

Il ne faut pas oublier aussi que l'Espagne est séparée de l'Atlantique par le Portugal et qu'elle tourne pour ainsi dire le dos à la Méditerranée puisque presque tous ses fleuves importants se déversent dans l'Atlantique. Enfin, au siècle dernier, la percée du Saint-Gothard n'a pas favorisé l'Espagne, qui, de tous les pays méditerranéens, est le plus éloigné des grands marchés asiatiques.

Pourtant depuis plusieurs années, là encore, l'Espagne suit un mouvement de progression. A quoi faut-il l'attribuer? Sans doute à la création de nouveaux services postaux et marchands avec le Maroc, puis à l'influence de la nouvelle loi entrée en vigueur en 1911 qui a accordé des primes importantes à la navigation.

D'après les statistiques, le mouvement de la navigation maritime internationale de l'Espagne aurait subi une augmentation de 82,7 p. 100 depuis le début du vingtième siècle.

Le nombre des maisons d'armement dépasse une quarantaine. Les plus importantes sont la Compañia Trasatlántica, de Barcelone, la Compañia Sola y Azuar, de Bilbao, la Toarra y Compañía, de Séville, la Pinillos Izquierdo y C[ia], de Cadix.

Les ports de Bilbao, Gijon, Santander ont un très fort tonnage, parce qu'ils sont les plus gros exportateurs de minerais et de charbon, tant pour l'étranger que pour le reste de la Péninsule. Le rêve des Biscayens est de voir leur port devenir une escale pour les transatlantiques; c'est un peu pour atteindre ce but qu'ils ont entrepris de grands travaux indispensables pour que leur côte quelque peu inhospitalière offrît aux paquebots un sûr abri où ils pussent entrer par tous les temps. Il faut les féliciter de cette ambition qui développera certainement le mouvement commercial.

Séville elle-même, celle que l'on a trop longtemps appelée l'indolente Séville, n'a-t-elle pas achevé, avec le concours de dix millions souscrits en Espagne, un canal de 10 mètres de profondeur qui permet d'éviter les boucles du Guadalquivir et peut donner aux plus grands navires, accès dans un port creusé près de Séville. Cet important travail prouve qu'il n'y a pas que des danseurs dans la capitale andalouse.

Parler de la richesse minière de l'Espagne, c'est énoncer un lieu commun. En effet, de tout temps, son sous-sol a été d'une fertilité extraordinaire; Strabon disait que nulle part ailleurs on ne pouvait trouver en aussi grande abondance, l'or, l'argent, le cuivre, le fer, l'étain, le plomb. Partout, du reste, dans les mines actuellement en activité, se retrouvent des vestiges des travaux des Phéniciens, des Carthaginois ou des Romains : ce sont des puits, des galeries inachevées, des scories abandonnées dont on peut tirer encore d'assez beaux profits.

Pendant longtemps, l'Espagne n'a pas tiré de ces richesses tout ce qu'elle aurait pu en attendre ; tout d'abord la découverte de l'Amérique où elle pouvait puiser à pleines mains l'empêchait de songer à ses propres trésors, puis le manque de main-d'œuvre la détourna de fouiller son sol. Mais à des signes certains on peut augurer bien de l'avenir, l'Espagne s'est retrouvée et toutes les statistiques prouvent une notable amélioration; partout on observe un chiffre de production supérieure, aussi bien en ce qui concerne les mines de fer et de cuivre que les charbonnages ; on peut dire qu'en dix ans la production des fers et aciers a doublé, celle de la fonte a quadruplé.

Quant à celle de la houille, elle est la suivante :

En 1865. . . . . . .   450 000 tonnes de charbon.
En 1885. . . . . . .   940 000 —   —
En 1895. . . . . .   1 770 000 —   —
En 1905. . . . . .   3 200 000 —   —
En 1915. . . . . .   4 400 000 —   —

Et de 1915 à 1920, on peut noter encore presque partout une augmentation de 40 p. 100 ; de nouvelles provinces figurent parmi les producteurs de houille, Oviedo, Leon, Palencia ne sont plus uniquement exploitées, mais les provinces de Badajoz, de Burgos, de Logroño développent chaque jour leur production, et le jour n'est peut-être pas loin où l'Espagne pourra enfin suffire à ses besoins.

En ce qui concerne le fer, en 1913, l'Espagne produisait 5,50 p. 100 de la production mondiale. Les provinces d'Almeria, de Biscaye, de Cordoue, de Gérone, de Grenade, de Guipuzcoa, de Jaén, de Lugo, de Malaga, de Murcie, de Navarre, d'Oviedo, de Salamanque, de Santander, de Séville sont les plus riches.

Les mines de fer ont produit . .   222 500 000 pesetas.
—   de cuivre . . . .   260 000 000   —
—   de plomb . . . . . .   133 500 000   —
—   de zinc . . . .   25 000 000   —
—   de mercure (sans Al-
madén) . . . .   18 000 000   —

Les mines de manganèse ont produit.	11 000 000	pesetas.
— de soufre	10 000 000	—
— de potasse.	6 000 000	—
— d'antimoine	3 000 000	—
— de plomb, fer et plomb argentifères, argent.	86 000 000	—
— dé plomb, fer et étain.	21 000 000	—
— de plomb, fer et asphalte.	10 000 000	—
— de plomb, fer, houille et anthracite. . . .	112 500 000	—
— de plomb, fer, lignites.	41 000 000	—
— minerais divers . . .	254 000 000	—

L'exportation des minerais de fer, de cuivre, de zinc et de manganèse fut de 12 millions et demi de tonnes dont la valeur était de 150 000 000 de pesetas.

Plus de 119 000 ouvriers des deux sexes sont employés à l'extraction.

Il y a des provinces privilégiées pour l'abondance et la variété de leurs minerais. Oviedo, par exemple, qui produit à la fois : fer, cuivre, manganèse, calamine, cinabre, houille; Huelva, qui est la reine du cuivre, et Almadén (Ciudad Real), celle du mercure.

Les techniciens estiment que l'on pourrait, d'ailleurs, extraire encore en Espagne 700 millions de tonnes de minerai de fer donnant un rendement en métal d'environ 50 p. 100.

Ces richesses minières restent donc le trésor de l'avenir, une source de richesse inouïe aussi bien pour l'État que pour le pays tout entier, et il est à présumer que leur mise en valeur fera l'objet d'une étude méthodique et raisonnée; le résultat sera assez beau pour encourager l'effort.

MADRID. — Le Prado et la Banque d'Espagne.

CHAPITRE VIII

Les Sociétés anonymes
et les Banques

Il est une sorte de thermomètre pour juger de la prospérité d'un pays. Avec lui pas de surprises ; s'il monte, c'est que la richesse grandit ; s'il descend, c'est que sa prospérité s'atténue ou subit une éclipse. Et ce thermomètre, c'est le nombre plus ou moins croissant de sociétés anonymes ; c'est en examinant les chiffres relatifs à la constitution de ces sociétés qu'on peut se rendre compte de la prospérité de l'Espagne.

En 1918, 366 sociétés anonymes ont été constituées avec un capital total de 477 millions de pesetas. Voici comment s'établit leur répartition régionale : au point de vue du nombre, ce sont tout d'abord la Catalogne, puis les provinces basques, Valence, et enfin les Asturies. Si l'on considère les capitaux engagés, les provinces basques tiennent la tête ; la Catalogne et les Asturies viennent ensuite.

Quelques chiffres donneront mieux que de longues phrases un aperçu de cette question primordiale :

	Nombre de sociétés.	Capital.
Agriculture.	6	2 251 500
Eaux, canaux.	1	75 000
Agences commiss. . . .	32	601 700
Banques	7	105 250 000
Commerce	125	21 130 750
Confection	9	457 500
Construction.	6	1 119 500
Electricité, gaz.	2	600 000
Spectacles	3	1 006 000
Fabrication.	83	44 628 000
Joaillerie.	1	300 000
Outillage.	13	24 105 000
Métallurgie.	4	101 800 000
Mines	19	11 360 000
Navigation.	14	12 830 000
Produits alimentaires. .	4	1 955 000
Publicité	5	12 282 633
Transports	4	1 050 000
Assurances.	18	43 815 000
Divers	10	59 880 124
	366	446 497 707

En consultant les chiffres ci-dessus, sans parler du mouvement bancaire dont nous nous occuperons tout à l'heure et qui a été intense, on voit combien les sociétés métallurgiques représentent des capitaux importants.

Et si des sociétés pour les spectacles se forment, les sociétés agricoles tiennent leur bonne place, comme aussi celles qui patronnent les fabriques et les entreprises commerciales. Il serait injuste de dire que seule la haute industrie prospère et peut mener joyeuse vie, en prodiguant l'argent et en étalant un luxe de mauvais aloi, puisque, ainsi que l'on peut s'en convaincre par ce bref énoncé, toutes les branches ou à peu près sont représentées.

Si l'on compare les chiffres de 1918 avec ceux des années précédentes, on remarque qu'il y a une augmentation de 96 dans leur nombre, et d'autre part 149 de plus qu'en 1916. Quant aux capitaux, le chiffre de 1918 avec 447 millions environ est juste le double de celui de 1917.

Au moment où la lutte économique va prendre chaque jour des proportions plus importantes, il est intéressant de constater qu'il faut compter avec ces facteurs d'activité de l'Espagne. Il est surtout consolant de la voir sortir de son indifférence. Certes, elle a toujours eu des capitaux, et plus qu'on ne croyait en général, mais ces capitaux avaient comme une répugnance à circuler dans le commerce et l'industrie. A cela deux causes : le peu d'initiative de tant d'Espagnols, leur manque de solidarité, et puis aussi quelques expériences malheureuses. En effet, après la guerre hispano-américaine, beaucoup d'Espagnols, de l'Argentine, du Mexique, de Cuba, disposant de leurs capitaux, les avaient lancés dans des entreprises nouvelles, mais les fondateurs et les administrateurs manquaient, pour la plupart, de préparation commerciale, si bien que les résultats furent souvent malheureux, et les capitalistes, refroidis par ces essais, se renfermèrent dans leur dédain des affaires en apparence les plus tentantes, et ils gardèrent leur argent ou ne le placèrent que dans des fonds d'État ou des valeurs déjà éprouvées.

Les chiffres que nous avons donnés plus haut prouvent donc, non seulement l'afflux de l'or, mais ils sont encore et surtout la preuve que la confiance est revenue.

Quant aux capitaux disponibles des banques espagnoles, ils ont eux aussi formidablement augmenté.

Alors qu'en 1911 on pouvait écrire que l'Espagne n'était pas un pays producteur de capitaux, mais bien un pays consommateur de capitaux, elle est au contraire maintenant chef de file. Aucun emprunt jadis ne pouvait être émis en Espagne sans l'intervention obligée de la Banque nationale, et le dernier a été couvert vingt fois. Et faut-il parler de l'encaisse or de la Banque qui dépasse deux milliards?

Il est loin, le temps où l'on déplorait le peu de progrès que faisait l'Espagne, par exemple dans l'agriculture, parce que, disait-on, le progrès dans cet ordre de choses doit être fait scientifiquement, de manière à l'industrialiser, et qu'il faut, avant tout, des capitaux, comme il en faut pour le commerce, qui, lui aussi, faute d'argent, ne s'accroît pas.

Quel essor agricole et commercial peut donc correspondre aux chiffres suivants?

En 1915, il y avait en Espagne 52 banques, constituées sous la forme de sociétés anonymes, avec un capital nominal de 515 millions, dont 258 versés.

En 1919, on voit 73 banques nationales et 80 à la fin du premier trimestre de 1920, le capital nominal est de 1 273 millions de pesetas, dont 766 millions versés, y compris les réserves.

En 1915, les sommes déposées par le public dans les banques ou les caisses d'épargne atteignent 837 millions.

En 1919, elles ont augmenté de 1867 millions.

Voici comment se décomposent en millions de pesetas les augmentations des principales banques espagnoles :

	1915.	1920.
Nombre de banques.	52	80
Capital nominal.	514	1 272
Capital versé	258	580
Réserves	52	187
Comptes créditeurs	535	2 176
Comptes d'épargne	289	537
Comptes débiteurs	288	1 226
Portefeuille.	564	1 484
Caisse	188	398
Dépôts de valeurs.	4 264	7 742
Bénéfices.	25	102

Les banques espagnoles, à l'heure actuelle, disposent d'une masse de capitaux supérieure à 3 350 millions.

On doit y joindre les disponibilités des comptes de la Banque d'Espagne qui atteignaient, à la fin de 1919, la somme de 1 070 millions, soit un total général de 4 428 millions.

Il ne faut pas omettre non plus quinze banques étrangères ayant des succursales en Espagne, avec

43 agences qui ont aussi d'énormes fonds de roulement. Il suffit, pour s'en rendre compte, de jeter les yeux sur la situation, au 31 décembre 1918, des trois principales banques françaises :

En francs.

Crédit Lyonnais	3 387 262 946,46
Comptoir d'Escompte	2 501 706 273,42
Société Générale.	2 697 298 005 »

Il est inutile d'essayer d'ajouter quelque chose à l'éloquence des chiffres, chacun peut en tirer une conclusion aisée.

S'il est certain que l'or n'est ni un aliment, ni un combustible et que l'année 1917, par exemple, a vu une vague d'indigence populaire, il n'en faut pas conclure que la misère peut rester installée si près de sacs d'or. Sans doute, comme partout, ce prodigieux afflux d'argent a fait monter le prix de la vie, mais partout aussi les salaires ont subi une marche ascendante. Et maintenant que le conflit mondial est achevé, la gêne qui a étreint un moment la Péninsule, gêne causée par l'accaparement, la crise des transports, la pénurie des produits étrangers et la mévente des produits nationaux, s'atténue de jour en jour.

Tout est cher, mais en pâtit moins celui dont la bourse est bien remplie, et celle de l'Espagne a de quoi tenter, non les voleurs de grands chemins, car elle est bien gardée, mais ceux dont le génie commercial n'est jamais en repos. Cette bourse, à mesure qu'elle se vide d'un côté, pourrait se remplir d'un autre, si l'irritante question du change ne se dressait pas trop souvent entre l'acheteur et le vendeur.

Elle a déjà fait couler trop d'encre pour qu'il soit utile de l'aborder à nouveau. Une brève nomenclature de chiffres pourra offrir à chacun l'occasion de se faire une opinion.

En 1913, le franc était ainsi coté : cours le plus bas, 104 fr. 90; cours le plus haut, 109 francs.

En 1919, son cours le plus bas était 40 fr. 50; son cours le plus haut, 91 fr. 60.

Le 12 avril 1920 est une date tristement mémorable dans les annales du cours du franc : ce jour-là, le peseta atteignit le cours rond de 300 francs : ce qui mettait le franc à 33 centimes !

La livre était, en 1913, à 26 fr. 50 et 27 fr. 50; en 1919, à 18 fr. 20 et à 23 fr. 85.

Le dollar cotait 5 fr. 38 et 5 fr. 23 en 1915, et 5 fr. 30 et 4 fr. 60 en 1919.

Quant au mark dont le cours le plus haut en 1915 était à 111 francs et le plus bas à 107 fr. 50, il descendait en 1919 à 51 francs, cote la plus haute, et 9 fr. 90, cote la plus basse.

Souhaitons que les économistes s'entendent pour arranger tout pour le plus grand profit de chacun : « manãna será otra día », c'est le vœu plein d'une douce philosophie qu'ont le droit de formuler ceux qui n'ont pas eu, jusqu'alors, la part la plus belle.

CHAPITRE IX

Le mouvement régionaliste

Plus que nulle part en Europe, l'unité espagnole a été longue à se produire, et l'on n'ose dire encore qu'elle est achevée. En effet, Catalans, Basques, Galiciens continuent, pour la plupart, à garder sur leur indépendance des opinions telles que, tout en arguant de l'intérêt qu'ils prennent au bien de la patrie, on est forcé de reconnaître que ce qu'ils souhaitent, c'est, avant tout, pousser toutes les provinces dans la voie régionaliste. Et il ne s'agit pas seulement, quand on parle de mouvement régionaliste, d'un particularisme étroit, s'appuyant sur quelques modifications administratives, mais bien d'une réforme absolue de l'État espagnol, faisant considérer les régions comme des organismes sociaux qui seraient libres de s'administrer librement, cherchant chez elles les ressources financières nécessaires pour exécuter les travaux publics intéressant la région et leur donnant la haute main aussi bien sur les œuvres d'assistance que sur l'enseignement.

Ce besoin d'indépendance est surtout vivace chez les Catalans qui ne peuvent admettre d'être dominés par les Castillans, et ce sentiment remonte si loin qu'on pourrait sans doute en trouver l'explication dans un conflit de races. En effet, les Catalans sont des Latins, tandis que les Castillans sont formés de divers éléments, on retrouve chez eux aussi bien l'influence germanique, importée chez eux au cinquième siècle par les Goths et les Alains, que l'empreinte sémitique due aux Arabes.

Due à une raison ou à une autre, la différence entre les peuples a toujours existé; ils n'ont jamais parlé la même langue, pas plus qu'ils n'ont eu les mêmes institutions politiques ni de semblables aspirations.

Si la Castille a tendu de bonne heure à l'unité politique, la Catalogne, elle, est restée très longtemps partisane de la Constitution dont elle jouissait au moyen âge, et qui remontait à 1282, constitution qui la faisait sœur de Gênes et de Venise, car, à l'exemple de la ville des Doges, elle était régie, non par le Conseil des Dix, mais par celui des Cent, formé de citoyens appartenant à la haute industrie et au grand commerce, véritable aristocratie du pays. Le mariage de Ferdinand II d'Aragon et d'Isabelle de Castille en 1479, ne changea rien à cet état de choses; Castillans, Aragonais, Catalans continuèrent à se considérer comme indépendants, puisqu'ils avaient des consuls dans des ports de mer andalous, comme ils en entretenaient dans les pays hors des frontières de l'Espagne.

Ils avaient une législation civile, politique et administrative, des douanes, et, en aucun cas, la législation d'un pays ne pouvait être appliquée dans l'autre.

Les rois cherchèrent évidemment à modifier par la suite cet état de choses, il y eut même un vice-roi à la tête de la Catalogne. A ce moment, la décadence de la Catalogne commença, elle fut bientôt aggravée par la découverte du Nouveau Monde, le centre de l'activité mondiale se détournant de la Méditerranée pour se porter vers l'Océan. De plus, Isabelle, pour favoriser ses sujets castillans, défendit aux Catalans de faire du commerce avec les Indes orientales et occidentales; cette partialité, que les Catalans d'aujourd'hui ne pardonnent encore pas, devait porter un grave préjudice à la prospérité de leur pays.

Aussi, par la suite, les uns et les autres se désintéressaient-ils de ce qui pouvait advenir, les Castillans de l'Aragon, les Catalans de la Castille. Des révoltes, des guerres purent ensanglanter les terres voisines sans que les uns et les autres y prêtassent attention. On vit pendant douze ans, sous Louis XIII, roi de France, qui avait été proclamé comte de Barcelone, la Catalogne isolée du reste de l'Espagne, puis l'archiduc Charles d'Autriche être proclamé « roi de Catalogne, d'Aragon et de Valence ». Enfin, en 1714, la Catalogne, soumise au régime de la terreur, ruinée, dépeuplée, ne fut plus qu'une pauvre province de la monarchie espagnole.

La Navarre et les provinces basques, grâce, sans

doute, aux facilités naturelles qu'offrait la défense de leur sauvage région, purent conserver jusqu'au dix-neuvième siècle une grande partie de leurs antiques « fueros ». A cette condition, les Basques payaient au souverain un tribut annuel, lui prêtaient aide et assistance en cas de guerre et lui donnaient gîte et vivre sur leur territoire.

C'est, d'une façon détournée, Napoléon qui, au commencement du dix-neuvième siècle, surexcita les sentiments régionalistes, là où ils existaient toujours à l'état latent, et les réveilla dans les régions où ils n'étaient qu'endormis. Pour lutter contre le maître du monde qui voulait les asservir, ils se dressèrent, indomptables, et brisèrent la force napoléonienne.

C'est encore la Catalogne et les provinces basques qui, blessées dans leurs sentiments de liberté autant que dans leurs sentiments religieux, furent parmi les adeptes les plus convaincus des guerres carlistes. C'est au cri de : « Dios y Fueros ! » que les Basques se soulevèrent en faveur du prétendant et ce sont eux qui fournirent un de ses plus célèbres généraux à don Carlos : Zumalacárregui, tué à Begoña. Ils payèrent, d'ailleurs, de la perte de leurs libertés, cette révolte.

La Catalogne, elle aussi, peu à peu, se vit retirer tous ses droits : droit pénal en 1822 ; droit de l'enseignement du catalan dans les écoles, 1825 ; députation unique, 1845 ; interdiction de l'émission des billets de banque, 1855.

Deux tendances bien distinctes forment le catalanisme ; l'une part d'un sentiment traditionaliste ; ceux qui y obéissent veulent protester contre cette conception moderne de l'état omnipotent. Fidèles à l'amour de la terre natale, ils restent des catholiques convaincus. Les autres, les fédéralistes, veulent avant tout l'extension de l'autonomie individuelle.

Sans examiner cette question au point de vue politique, il est bon cependant de considérer la place occupée par la Catalogne, au point de vue économique, dans la nation espagnole.

D'une superficie de 7 690 500 kilomètres carrés, elle n'occupe que 6,36 p. 100 du territoire espagnol, mais elle est, par contre, une des régions les plus peuplées. Il n'y a pas, en Espagne, plus de 40 habitants par kilomètre carré, alors qu'en Catalogne, il y en a 64. Avec une population de 2 084 868 habitants, elle fournit donc plus de 10 p. 100 de l'ensemble. Elle possède cinq villes de plus de 20 000 habitants qui, toutes, ont une réelle importance industrielle, ce sont : Badalone, Manresa, Sabadell, Tarrasa et Reus.

L'activité industrielle est considérable, mais, de plus, la région est agricole. La vigne est cultivée sur 245 000 hectares et la production en vins atteint 7 millions d'hectolitres. En ce qui concerne le blé, sa production est d'environ 7 p. 100 de la production totale de l'Espagne. L'exportation des primeurs est considérable, et la récolte des pommes de terre très importante.

Depuis peu, l'industrie électrique a pris une extension remarquable; quatre importantes sociétés ont capté et canalisé toutes les chutes d'eau du versant sud des Pyrénées-Orientales; quand tous les travaux en cours d'exécution seront achevés, la Catalogne sera pourvue d'un système de forces hydrauliques extrêmement puissant qui ne manquera pas de contribuer à son développement industriel, déjà si remarquable.

L'industrie du gaz est représentée par 24 fabriques sur 67 que possède l'Espagne, celle de l'alcool par 479 distilleries sur 6 225.

Nous ne reviendrons pas sur les améliorations constantes du port de Barcelone, mais on peut dire que dans cette ville se créent chaque jour des industries nouvelles, aussi bien en ce qui concerne le matériel électrique, l'outillage, les articles de caoutchouc, l'amiante, que tout ce qui se rapporte aux produits chimiques et pharmaceutiques. L'industrie des tissus de coton et filés prouve sa vitalité par le nombre considérable de fabriques de textiles qui se montent. Si bien qu'en 1914, alors qu'il s'était constitué à Barcelone 317 sociétés diverses, anonymes, collectives ou en commandite, il s'en est fondé, en 1917, 712.

Le résultat est l'augmentation constante de l'épargne publique dont les dépôts pour les seules caisses officielles s'élèvent à 187 millions, les bénéfices totaux des établissements de crédit étant passés de 6 802 en 1913 à 14 189 en 1917.

Aussi, la Catalogne qui paye 40 p. 100 des droits de douane perçus par toute l'Espagne et 31 p. 100 de la contribution des patentes se plaint d'être désavantagée au profit des autres régions. Elle réclame des chemins de fer, puisque, au point de vue de l'activité, elle est la région la plus remarquable de l'Espagne. Elle voudrait aussi qu'on s'occupe de la diffusion de l'enseignement primaire. Ce sont ses revendications de tous les jours ; au fond, ce qu'elle voudrait, c'est une vie propre, le maximum de liberté avec le minimum de contrainte ; enfin, la Catalogne non plus considérée comme une simple région, mais comme une nation.

Le Basque, lui, profondément attaché à ses souvenirs, veut surtout, sans considérations économiques, rendre à son pays sa situation de 1839, que le peuple suive les enseignements de la vraie religion chrétienne, que les usages et coutumes antiques soient remis en honneur, qu'on ressuscite les institutions juridiques et économiques de l'ancien temps, que la langue basque, enfin, soit la seule parlée dans la contrée.

Une organisation très complète préside à ces revendications. Pour entrer dans le parti, il faut être Basque d'origine ou de naissance et avoir plus de seize ans. La direction est confiée à des « juntes » municipales, à des conseils régionaux, à un conseil suprême. Le parti a son hymne, ses journaux. Tant qu'il restera confiné dans cette attitude romantique, il ne donnera aucun résultat positif, mais rien ne dit qu'il n'évoluera pas un jour comme l'a fait le catalanisme.

Que sortira-t-il de ces aspirations ? Qui sera vainqueur, Madrid ou Barcelone? Qui l'emportera, du centralisme de la Castille ou des tendances régionalistes de la Catalogne? Ceux qui préconisent le « particularisme » rêvent d'une sorte de confédération d'États dans laquelle chaque région naturelle, — qu'elle s'appelle : Catalogne Aragon, Castille, Navarre, jouerait le rôle d'un État particulier. Un pouvoir central en assurerait l'unité qui pourrait représenter la Fédération dans ses relations avec les autres pays. Serait-ce la façon de résoudre la question? Peut-être! Encore faudrait-il que les provinces s'accordent sur la forme du gouvernement, les Catalans, par exemple, en oubliant leur hostilité et en s'amalgamant, qu'ils soient les héritiers des traditionalistes ou les partisans de l'Union fédérale républicaine. Peut-être le gouvernement de Madrid, qui désire se concilier aussi bien les Basques que les Catalans en s'occupant du mouvement économique des deux provinces et en favorisant leur industrie par sa politique douanière, cherchera-t-il à dissiper le spectre de séparatisme en ne reculant pas devant le principe autonomiste. Il serait à souhaiter pour l'avenir du pays que l'entente absolue règne; peut-être le développement de plus en plus grand du commerce et les intérêts communs entre les diverses régions sera-t-il pour beaucoup dans l'atténuation des divergences de sentiments. Quand les granges sont pleines, et que l'abondance règne, l'union devient chose plus aisée.

Émigrants traversant les Pyrénées.

CHAPITRE X

Les Relations extérieures

Pendant près d'un siècle, depuis 1805, lors de la bataille de Trafalgar, jusqu'au moment où Alphonse XIII a gouverné personnellement, on peut dire que l'Espagne n'a pas eu, en réalité, de politique extérieure. Cet isolement n'a pas été raisonné, ce sont les circonstances qui en ont été la cause ; les guerres néfastes, des luttes mi-religieuses, mi-nationales, une méfiance instinctive de l'étranger, méfiance parfois justifiée, une certaine nonchalance orientale ont prédisposé l'Espagnol à se replier sur lui-même, et il a fallu la conférence marocaine pour mettre fin à cette période et pour faire rentrer la Péninsule dans le cercle des grandes puissances. Dès son avènement, Alphonse XIII prouva clairement son intention de ne plus se tenir à l'écart des nations voisines ; ses voyages à Paris, à Londres, à Berlin en furent une preuve.

Son mariage avec une princesse anglaise prouva qu'il se réconciliait avec les fils d'Albion si détestés dans la Péninsule, de même que le traité de 1906 avec les Etats-Unis avait apporté l'oubli entre les deux puissances.

Quant aux relations avec la France, cette si proche voisine, elles sont un peu celles de deux excellents amis adossés à un mur mitoyen ; tout va bien tant que l'on ne parle pas du mur, mais il faudrait pouvoir n'en jamais parler !...

Pourtant ces deux nations, si proches par la nature et si éloignées par la mentalité, ont besoin de ne point s'ignorer, c'est leur devoir et c'est leur intérêt.

Quand Alphonse XIII, ce roi qui mérite vraiment d'être roi, a dit : « En Espagne, il n'y a que la canaille et moi qui aimions la France », il a généralisé trop hardiment ; il y a dans les deux pays des sympathies latentes, étouffées de temps à autre par de vieilles rancunes qui devraient être pour le bien commun un passé à jamais aboli.

N'y a-t-il pas eu, à l'origine même, une lutte en quelque sorte fratricide entre deux races sœurs, celle des Ibères et celle des Celtes ? Un commun accord a uni ces deux races en une seule, la celtibérienne, puis d'une façon plus étroite les a fondues dans la civilisation romaine.

Dans les familles, n'y a-t-il pas des rivalités d'intérêts, d'ambition et tant d'autres ? Le plus sage n'est-il pas de vivre dans l'union ? On s'en aperçoit souvent trop tard, quand bien du sang et des larmes ont coulé. Il en est ainsi parmi les peuples : ils doivent, pour leur bien-être à tous, suivre la grande loi de la sagesse antique : « Se bien connaître eux-mêmes. » Se bien connaître est faire un grand pas sur le chemin de l'amour. Chacun a ses défauts : nous avons les nôtres, pourquoi ne voir que ceux d'autrui ?

Que la domination de Rome d'abord, que celle des Arabes ensuite ait pesé sur l'Espagne, cela enlève-t-il un atome de la bravoure légendaire des Espagnols ? Les guerres puniques et le siège de Sagonte sont là pour témoigner du contraire.

Que les peuples d'Espagne et de France aient souffert tour à tour des guerres de Charles-Quint et de Napoléon, cela doit-il être un sujet d'éternelle animosité ? Y a-t-il, à l'heure actuelle, un seul Français qui tienne rigueur à l'Espagne de sa puissance en Europe au dix-septième siècle ?

... — « Mais, le Maroc !... » Eh ? oui, c'est là, pour beaucoup, le point douloureux. Mais si les armées françaises le pacifient, ce Maroc, dont, *politiquement*, l'Espagne n'a qu'une partie, la France se plaint-elle que les robustes ouvriers de la Péninsule y viennent travailler, gagner de forts salaires qui prennent le chemin de l'Espagne ?

Et si en France même, les ouvriers agricoles espagnols, vignerons ou moissonneurs, les garçons de café de Paris et bien d'autres encore contribuent à sa richesse, n'en emportent-ils pas dans leur pays une grosse part ?

Il faut que l'Espagne et la France s'efforcent chaque jour davantage de se comprendre ; pour cela nous devons ménager son amour-propre ; le champ ouvert à son activité est assez vaste pour le satisfaire sans qu'elle s'abandonne à une acrimonie stérile ; et l'Espagne, sans écouter des calomnies intéressées, si elle veut peser le poids de l'amitié française, se rendra aisément compte de ce qu'elle vaut.

Si beaucoup d'Espagnols, quand on parle d'amitié française, détournent la tête en prononçant : Tanger ! il en est un grand nombre aussi qui ne désarment pas devant la puissance de l'Angleterre et ne se consolent pas de voir flotter le drapeau britannique sur Gibraltar. Gibraltar, accroupie comme une bête monstrueuse prête à bondir entre le ciel et l'eau ; Gibraltar, que le canon des grandes batailles a si souvent ébranlée, qui a vu passer les Phéniciens, les Carthaginois, les Romains, les Berbères, et Charles-Quint, et l'amiral George Rooke, et qui demeure, formidable, comme une immense redoute cuirassée, battue par l'aile des grands oiseaux de mer.

Au point de vue de la stricte justice internationale, il serait évidemment à souhaiter que l'Espagne rentrât en possession du rocher qui tient à son sol, mais si l'Espagne devient chaque jour plus forte, Gibraltar ne sera qu'un appui peu solide pour l'Angleterre, et comme, d'un autre côté, l'Espagne a tout intérêt à ce que subsiste pendant longtemps la suprématie navale de l'Angleterre, celle-ci n'ayant aucune connexion immédiate avec le continent, ni même avec le littoral méditerranéen, il n'y a pas de raison péremptoire pour que l'Espagne et l'Angleterre ne continuent pas les relations courtoises inaugurées par la diplomatie britannique et que la grâce et la beauté de la jeune reine doivent faciliter si souvent.

Depuis la perte de ses colonies du Nouveau Monde, l'Espagne doit nécessairement porter son attention sur la Méditerranée occidentale, et son intérêt est de s'entendre avec l'Angleterre et avec la France, non seulement au point de vue marocain, mais encore au point de vue de sa sécurité européenne. De cela le roi et les diplomates éclairés ont pleine conscience, et le peuple avisé, celui qui ne se laisse pas mener, en est intimement persuadé.

Il est un pays, si voisin de l'Espagne qu'il semble en faire partie ; jumeaux accrochés l'un à l'autre, le Portugal et l'Espagne sont pourtant presque ennemis. La faute en est sans doute à ceux qui, en parlant de fonder l'unité ibérique, blessent les susceptibilités de celui des deux peuples, qui, le plus faible, voit forcément dans cette union une déchéance et un joug imposé par l'autre. Évidemment, il est fâcheux de voir ainsi deux nations incomplètes ayant fleuves et montagnes coupés en deux. Une séparation transversale qui aurait formé un royaume d'Espagne au nord, un royaume d'Andalousie au sud aurait paru plus logique. Mais n'est-il pas préférable de laisser les choses telles qu'elles sont, l'ancien exemple de l'Autriche et de la Hongrie, celui de la Suède et de la Norvège, sans parler de l'Angleterre et de l'Irlande, prouvent qu'il vaut encore mieux vivre côte à côte sans se rien dire, que la main dans la main en perpétuelle dispute.

Au point de vue de l'intérêt propre, il faudrait, au contraire, que l'Espagne et le Portugal qui se ressemblent trop au fond pour s'aimer, tentent loyalement d'oublier qu'ils pourraient être unis et, se considérant comme deux peuples bien distincts, séparés irrémédiablement, s'appliquent à fonder l'unité intellectuelle et sentimentale ibérique ; ainsi, le Portugal ne serait pas tenté de chercher des appuis étrangers, et l'Espagne n'aurait rien à y perdre.

Le penchant que certains Espagnols ont pour l'Allemagne tient surtout à ce que ce pays est loin d'eux, alors que, par sa situation, l'Espagne touche au Portugal, à la France et que, sur la route des deux Amériques, elle en est constamment occupée. L'Allemagne, au contraire, nébuleuse et lointaine, lui a paru jusqu'à ces derniers temps un peu terre de légende ; ce n'est qu'à se trop rencontrer qu'on connaît ses défauts, et l'Espagnol ne voyait guère de l'Allemand que le professeur qu'il allait écouter chez lui, ou le commis voyageur instruit et artificieux, véritable commis-ambassadeur qui se glissait partout avec un zèle extraordinairement actif. Cela explique que tant d'Espagnols aient longtemps prôné une alliance allemande, alliance qui, toute question personnelle mise à part, n'offrait aucun intérêt, l'Allemagne ne pouvant rien donner à l'Espagne, même au temps de sa toute-puissance. Il ne peut plus être question d'alliance, mais l'Allemagne tenace ne veut pas perdre ce qu'elle avait si péniblement gagné. N'est-ce pas en 1917, en pleine guerre, que se formait à Stuttgard, d'après le *Heraldo*, un comité pour le rapprochement économique et cultural de l'Allemagne et de l'Espagne? Se rapprocher, par tous les moyens, l'Allemand l'essayera ; l'Espagne était un trop beau marché pour qu'il n'y revienne pas exposer ses denrées, et, pendant que cordial et bon enfant il parlera affaires et chiffons avec l'Espagnol séduit, il recommencera, concurrent déloyal, à inonder le monde des couteaux de Solingen portant l'estampille de Tolède, ou des étoffes de Barcelone qui auront été tissées à Hambourg.

Cette forme de l'activité germanique sera déjouée, il faut le souhaiter, tôt ou tard ; peut-être alors, s'apercevra-t-on, outre-Rhin, qu'il est temps de changer de méthode vis-à-vis des esprits latins, qu'ils habitent au delà ou en deçà des Pyrénées.

Plus effectives de jour en jour deviennent les relations entre l'Espagne et ses filles émancipées. Pendant longtemps, mère ulcérée, la Péninsule rancunière les avait ignorées, sans se demander si une partie de la faute ne lui incombait pas. Ce n'est qu'après le désastreux traité de Paris du 10 décembre 1898, qui lui arrachait ses derniers enfants, qu'elle se retourna vers les premières ingrates qui, dans le malheur, revinrent en amies et en alliées. Le congrès de Madrid, en 1900, le premier, scella cette sorte de réconciliation en mettant à l'étude un grand nombre de questions d'un intérêt primordial concernant les relations commerciales, les transports, la nationalité, l'arbitrage, et destinées à resserrer les relations entre la mère abandonnée et ses filles.

Les fameux traités d'arbitrages permanents et les conventions ayant trait à la suppression de la législation consulaire dans les commissions rogatoires, à la validité des titres académiques et à la propriété littéraire, réalisés rapidement, prouvèrent que tout ne se bornerait pas à des discours.

Depuis cette époque, les manifestations sympathiques entre le gouvernement espagnol et les représentants des républiques hispano-américaines ont été fréquentes. En 1912, à Cadix, à l'occasion de la commémoration du siège de cette ville et de la Constitution, dix-sept républiques américaines étaient représentées, et, depuis lors, toute occasion est bonne pour resserrer des liens qui n'avaient jamais été complètement brisés, mais si distendus qu'ils paraissaient ne plus exister. Car les Sud-Américains ne pouvaient oublier les titres de noblesse de leurs aïeux ; leurs origines, leur langue, leurs idées communes, tout les rattachait à l'Espagne et celle-ci, fière des progrès réalisés par ses enfants, y songeait en silence et n'attendait qu'une occasion d'exalter le légitime orgueil qu'elle tirait de leur gloire. C'est ce que leur a clamé mainte et mainte fois un Blasco Ibáñez ou un Rafaël Altamira.

Car si le mouvement « américaniste » a obéi tout

d'abord à des préoccupations économiques, très louables et très légitimes, il consacre maintenant tous ses efforts au mouvement intellectuel, il s'applique à développer les relations existantes d'université à université. Enfin, voulant maintenir chez les émigrants le souvenir de la mère patrie, il crée des œuvres d'assistance et d'enseignement espagnoles au Brésil, au Mexique, au Pérou, en Colombie pour permettre à ceux qui se sont expatriés de se croire encore chez eux et de devenir une force coordonnée, utile et consciente.

Cette impulsion ne pourra qu'être favorable à l'Espagne vivante, elle la forcera à se renouveler pour être digne des jeunes énergies qui viendront à elle de si loin. Pour que ses fils puissent venir consulter ses archives précieuses, elle leur donnera un asile digne d'elles, elle créera ces écoles ou instituts historiques analogues à ceux qui existent à Rome pour y consulter les archives du Vatican, elle se voudra toujours en progrès, elle se reconquerra elle-même.

CHAPITRE XI

Le Gouvernement, l'Administration, l'Armée

Plus qu'aucun autre pays, à l'heure actuelle, l'Espagne semble bien le terrain le plus favorable à la lutte des idées modernes contre les forces du passé. Quelles seront les victorieuses, nul peut-être n'oserait dire qu'il le sait. Théâtre de nombreuses révoltes, la Péninsule n'a jamais, à vrai dire, connu la révolution qu'en miniature, et cela sans doute parce que les intérêts, plus forts que les convictions, ne contenaient pas en eux cette force qui fait les bouleversements absolus. Royalistes, républicains, carlistes, socialistes, quels seront les maîtres de demain? Des deux forces qui ont gouverné l'Espagne jusqu'à présent, le clergé et l'armée, qui l'emportera? Et vers quel parti ces alliés tout-puissants se tourneront-ils? Tous les amis de l'Espagne souhaitent que ce soit vers celui de l'ordre, seule garantie de la prospérité d'un peuple.

Depuis 1876, le régime politique de l'Espagne est celui d'une monarchie constitutionnelle, héréditaire dans la maison de Bourbon. Le roi règne, mais ne gouverne pas : le pouvoir exécutif lui appartient, mais la puissance législative réside dans les Cortès élues, Sénat et Chambre des députés. Le roi actuel, Alphonse XIII, a été proclamé, le jour même de sa naissance (17 mai 1886), roi d'Espagne, sous la régence de sa mère. Depuis 1902 (la majorité des princes est fixée à seize ans), c'est lui qui sanctionne et promulgue les lois, il assure leur application par les tribunaux et leur exécution par la force armée de terre et de mer dont il est le chef absolu. Il nomme les diplomates, distribue les grades et fonctions administratives, a la charge de la sécurité publique tant intérieure qu'extérieure, mais il ne peut signer d'alliance offensive avec une autre puissance, céder, échanger, acquérir un territoire, ni engager les intérêts commerciaux de ses sujets par des traités, sans être autorisé par une loi. Il ne peut davantage contracter mariage, ni abdiquer sans l'assentiment de ceux qui représentent la nation. Les Cortès, par contre, ne peuvent rien sans le roi. Il ouvre et ferme les sessions. Il peut de même les dissoudre; dans ce cas, il doit réunir, dans les trois mois qui suivent la dissolution, un nouveau parlement. Les deux chambres ne peuvent délibérer ni ensemble, ni devant le roi, à moins de circonstances tout à fait exceptionnelles. Députés et sénateurs sont inviolables, leur fonction est gratuite. Leurs adversaires disent souvent qu'« ils en font pour leur argent »; il est bien évident que quoique les sessions administratives ne durent que quelques mois et que les séances ne se prolongent pas au delà de deux ou trois heures, la majorité des députés ne manifestent pas beaucoup d'empressement à y assister. Il faut bien vivre, et tous les députés ne naissent pas millionnaires, de là un déchaînement d'appétits qu'il n'est pas toujours facile au gouvernement de satisfaire et qui font naître ces coalitions mesquines, non pas politiques à vrai dire, mais personnelles, qui sont cause que les gouvernements se font et se défont avec une facilité déconcertante, si préjudiciable au pays.

On pourrait espérer que l'existence d'une seconde chambre, d'une chambre haute, corrigerait quelques défauts du régime parlementaire, mais malheureusement si le « Congreso » ou chambre des députés n'est pour ainsi dire jamais le véritable porte-parole du pays, il en est de même du « Senado », le Sénat, qui est un corps privilégié, formé des sénateurs de droit : fils du roi ou du successeur immédiat de la couronne arrivés à la majorité, grands d'Espagne, justifiant d'un revenu de 60 000 pesetas, capitaines généraux des armées de terre et de mer, le patriarche des Indes et les archevêques, les présidents du Conseil d'État, de la Cour de cassation, du Tribunal des comptes, des conseils supérieurs de la guerre et de la marine. Les autres sénateurs sont ceux nommés par le roi et les sénateurs élus, au nombre de cent quatre-vingts, chiffre égal à celui des deux précédentes catégories réunies : neuf sont nommés par les archevêchés, vingt et un par les académies, sociétés économiques et les universités, les cent cinquante qui restent sont élus par les corporations de l'État et les plus forts contribuables. Il faut avoir, en outre, pour être sénateur, un revenu d'au moins 7 500 pesetas et être âgé de trente-cinq ans.

Pour être élu député, il faut évidemment jouir de tous ses droits d'Espagnol, être âgé de vingt-cinq ans et n'être pas affecté à un service public rétribué par l'État, la province ou la commune. La loi dit aussi que les membres du Parlement ne pourront recevoir ni pensions, ni grades, ni décorations, ni honneurs d'aucune sorte. Il est à présumer alors qu'on leur assure par contrat, pour les dédommager, une entrée de faveur au Paradis!

Tout Espagnol de vingt-cinq ans, jouissant de ses droits civils, est électeur, sauf les soldats de terre et de mer en activité de service et les indigents inscrits à l'Assistance publique. Comme partout, les abus électoraux font que les Chambres ne représentent le plus souvent que des groupements d'appétits et non la nation, mal préparée à la pratique du régime constitutionnel. Le paysan est indifférent par ignorance; la classe moyenne, qui pourrait se choisir des guides honnêtes et éclairés, s'abstient; seul est maître le politicien de clocher : le « cacique », cet agent électoral au service d'un maître quelconque qui distribue en son nom les pensions, les honneurs, les sinécures et qui abuse de la puissance publique pour favoriser les intérêts particuliers. Il sera toujours la plaie de son pays, à moins qu'il ne se transforme peu à peu, à mesure que la culture générale progressera ; peut-être alors le lien social sera-t-il assez fort pour rendre la conscience collective maîtresse et directrice des activités individuelles pour le plus grand bien d'une Espagne renouvelée, rendue apte à la vie publique.

Ce sont les ministres qui, investis des pouvoirs du roi, gouvernent et administrent pour lui. Aucun acte du roi ne peut avoir de valeur s'il n'est contresigné par un ministre. Ce dernier peut être sénateur ou député. Chaque ministre est suppléé par un sous-secrétaire d'État pour la direction administrative.

On compte : 1° le ministère « de la Gobernación » ou ministère de l'Intérieur ; 2° le ministère « de Gracia y Justicia » (tribunaux et prisons, registre de l'état civil et de la propriété, culte et clergé de la religion officielle, catholicisme romain, les autres cultes étant tous tolérés) ; 3° le ministère de la Guerre et celui de la Marine ; 4° le ministère d'État (« de Estado »), relations diplomatiques et commerciales avec l'étranger ; 5° le ministère « de Hacienda » ou ministère des Finances ; 6° le ministère de l'Instruction publique et des Beaux-Arts ; 7° le ministère des Travaux publics, de l'Agriculture, de l'Industrie et du Commerce.

Un autre important corps de l'État est le « Conseil d'État » qui constitue la plus haute juridiction administrative.

L'Espagne, qui compte vingt millions d'habitants et qui a une superficie de 504 567 kilomètres carrés, est divisée en quarante-neuf provinces. C'est le Conseil des ministres qui nomme et révoque les gouverneurs de provinces. Le gouverneur est, à la fois, délégué du pouvoir central et chef suprême de la province ; c'est lui qui tranche en seconde instance toutes les difficultés auxquelles peut donner lieu l'administration municipale. Tous les services se rapportant à la sécurité, à l'hygiène, aux voies de communication, aux travaux publics, sont entre ses mains. On peut aisément se rendre compte du bien que pourrait faire dans la province qu'il dirige un bon « gobernador » ; malheureusement, le favoritisme, cette plaie du siècle, sévit en Espagne comme ailleurs ; un très petit nombre, parmi ceux qui sont nommés, appartiennent à l'administration, la plupart sont des politiciens, d'anciens députés à court d'argent dont, parmi les reproches que l'on aurait à leur faire, le moindre serait l'incompétence. Aussi, quand bien même on en viendrait à réaliser les nombreux projets de réformes de l'administration provinciale élaborés pendant ces dernières années, toutes ces réformes resteraient inopérantes, si les ministres de l'Intérieur continuaient à être les seuls maîtres de nommer des gouverneurs, non pas en songeant à l'intérêt public, mais en se souciant presque exclusivement du profit que leur parti en pourrait tirer.

Les corps consultatifs des provinces sont d'abord

BARCELONE. — L'entrée des ateliers et les bureaux de la fabrique d'automobiles Elizalde.

la *Députation*, en second lieu, la *Commission provinciale*. L'élection des députés de la province est faite par le suffrage universel; celui qui peut être élu aux Cortès peut être aussi éligible à l'Assemblée provinciale; mais il faut ou qu'il soit originaire du pays, ou qu'il y réside depuis quatre ans. Le mandat a une durée de quatre ans également, mais tous les deux ans, les députés provinciaux sont renouvelables, par moitié. Ils se réunissent, chaque année, au chef-lieu de la province, en novembre et en avril. Ils ne reçoivent pas de rémunération.

Chaque province est divisée en *municipes* ou communes, administrées par un conseil municipal, « l'ayuntamiento », que préside l'alcalde ou maire, et une « Junte » économique chargée de contrôler les finances; elle se compose de conseillers municipaux et d'habitants.

Les séances des « ayuntamientos » sont publiques, d'après la loi, mais, dans la réalité, il n'en est pas toujours ainsi. Du reste, les citoyens font preuve, le plus souvent, d'une parfaite indifférence à l'égard des choses municipales. Toute l'éducation civique du paysan espagnol est à faire; mal instruit et sceptique, il n'essaye même pas de lutter, quand il serait nécessaire, contre le pouvoir absolu de l'alcalde, c'est ce qui explique l'aspect un peu « oriental » d'un si grand nombre de localités.

Quant aux juges et aux magistrats, ils sont, eux aussi, désignés par les ministres. Les *juges munici-*

paux sont nommés d'après la loi par la Cour d'appel en Chambre de conseil, mais la Cour distingue les seuls candidats désignés par le député du district. Aussi peut-on être certain que si « la justice n'est pas de ce monde », ce n'est pas en Espagne qu'elle se réfugie.

Les juges d'instruction ou juges de première instance sont nommés au concours, mais le ministre reste toujours libre de les déplacer à sa fantaisie.

Les tribunaux de seconde instance, *audiencias provinciales* et *audiencias territoriales*, sont ceux où l'influence du pouvoir central est la plus manifeste, car les magistrats sont nommés presque exclusivement par faveur.

Quant à l'institution du jury, d'une si moderne impartialité, elle a été souvent faussée par la faute et des juges et des jurés; les premiers ne traitant pas avec beaucoup d'égards les seconds, ceux-ci ne montrent pas, en général, un très grand empressement à remplir leurs fonctions.

Il est fâcheux que le « caciquisme » et la politique gâtent ainsi des hommes qui ont en eux un tel sens de la justice qu'ils peuvent, dans la Huerta Valencienne, former ce « Tribunal des Eaux » qui règle la plupart des conflits avec un souci qu'a dépeint si magistralement Blasco Ibáñez dans *la Barraca*, du droit renouvelé de l'antique. Depuis cinq siècles, à Valence, le jeudi, siège ce tribunal, chargé de maintenir la paix entre les habitants de la Huerta qui, de

temps à autre, s'accusent d'avoir détourné l'eau d'un
canal au profit d'un autre ou d'avoir profité d'une
fraude commise par l'un des syndiqués. Sept juges
choisis par les gens de la Huerta siègent sous le
vétuste portail de la cathédrale, appelé le Portail des
Apôtres; ils écoutent les déclarations des uns et des
autres, le visage sévère sous le foulard de soie noué
sous le large chapeau. Le syndic du canal en cause
interroge les plaideurs, il expose l'affaire à ses collègues, on délibère, la sentence est rendue; les
amendes sont payées sur-le-champ. Pas de papier
timbré, ni de greffier, aucune paperasserie, chacun
s'en retourne chez lui, fier de son tribunal et de la
justice rendue par quelqu'un issu de sa classe.

Qu'on est loin des procès coûteux qui se déroulent
à Barcelone ou à Madrid; car il n'y a pas de police
judiciaire en dehors de ces deux villes; partout
ailleurs, les juges ne disposent que de la gendarmerie, et, dans quelques endroits, d'une police gou-
vernementale, peu nombreuse et sans prestige.

En dehors des tribunaux civils, il existe deux
sortes de juridictions particulières : les tribunaux
militaires et les tribunaux ecclésiastiques. Les premiers ont vu s'augmenter l'étendue de leur compé-
tence; le civil qui a manqué d'égards à une sentinelle,
par exemple, ou le mauvais plaisant qui interrompt
la marche d'un bataillon, relèvent de cette juridiction.

Quant aux tribunaux ecclésiastiques, — le tribunal
de l'évêque en première instance, le *Tribunal de la*

Rote en appel, — ils s'occupent des affaires matrimoniales, et leurs sentences, dans certains cas, peuvent produire des effets civils.

L'état des prisons laisse à désirer. Dans les anciens « presidios », les bagnes, on peut voir, côte à côte, des criminels de profession, des voleurs emprisonnés pour la première fois, et même des fonctionnaires condamnés pour infraction aux lois. Ils vivent en commun dans de grandes salles, travaillant peu, causant beaucoup.

Les procès n'avancent qu'avec une prodigieuse lenteur et sont plus coûteux que dans n'importe quel pays d'Europe; pourtant les édifices où la justice est rendue sont en général parmi les plus vieux et les plus délabrés des monuments espagnols.

Après avoir étudié les formes gouvernementales et administratives, si nous nous tournons vers l'armée, nous voyons un pays essentiellement guerrier, mais une nation qui n'est pas militaire, la preuve en est dans les accommodements dont est parée la loi de 1912 établissant le service obligatoire et égal pour tous.

Le système de recrutement en vigueur jusqu'alors était celui du tirage au sort (*sorteo*). La loi espagnole (11 juillet 1885-4 décembre 1901) décrétait, sans doute, le principe du service obligatoire depuis l'âge de vingt et un ans, pour un laps de temps de douze ans ; trois années dans l'active, trois années dans la première réserve, six dans la deuxième réserve. Mais elle admettait le rachat du service actif pour 1 500 pesetas, et les frères pouvaient se remplacer. Puis, pour des raisons d'économie, on n'incorporait, en général, que la moitié du contingent; de ce fait, l'armée permanente, qui représentait un chiffre de 80 000 hommes, se réduisait à 40 000 ou 50 000.

Depuis 1912, le service est obligatoire, et la loi fixe la durée de l'obligation militaire à dix-huit ans au lieu de douze. Service actif : trois ans; première réserve : cinq ans; seconde réserve : six ans; territoriale : quatre ans. Les recrues peuvent être congédiées au bout de dix mois, moyennant le payement d'une somme de 1 000 pesetas, à condition qu'elles possèdent une suffisante instruction militaire. Les réservistes, ceux de la première réserve, doivent faire une période de un mois à un an, ceux de la seconde réserve, vingt et un jours, ceux de la troisième réserve, quinze jours par an. La loi prévoit de très nombreux cas d'exemption ou d'ajournement. Le contingent de 1912 a été de 64 000 hommes, mais il n'y en a eu que 41 926 incorporés.

L'armée espagnole sur pied de guerre peut atteindre 450 000 hommes. Elle a 14 divisions réparties en 8 capitaineries générales. Les effectifs des régiments sont variables : 400 à 1 100 hommes.

Les régiments sont désignés par leur numéro d'ordre et aussi par un nom de ville, de pays, de personnage : Isabelle II, Murcie, Tétouan, régiment du roi, de la reine, de l'infant, Amérique, Constitution, etc., pour l'infanterie ; du roi, de la reine, Santiago, Alcantara, pour la cavalerie.

L'uniforme des divers groupes de l'armée est en général net et de bon goût ; les soldats, alertes, marchent bien ; les officiers ont de l'élégance, ils paraissent se plaire à la faire admirer à la relève de la garde royale à Madrid, cette « parade » militaire qui attire les étrangers et dont les Madrilènes eux-mêmes ne sont jamais blasés.

Dans l'armée espagnole, il n'y a vraiment qu'un sous-officier : le sergent ; le caporal ne compte guère, bien qu'il y ait une école d'élèves-caporaux. Pour les sous-officiers, il y a l'école préparatoire de *Trujillo* ; ils peuvent y préparer leur entrée aux académies d'armes d'où l'on sort officier, à Tolède pour l'infanterie, à Valladolid pour la cavalerie, à Séville pour l'administration. L'admission dans les écoles militaires est le résultat d'un concours ; les études sont de trois ans. Les officiers d'artillerie sont formés à Ségovie ; à Guadalajara, ceux du génie, mais la durée des cours est de cinq ans pour ces deux écoles.

C'est l'École supérieure de guerre qui prépare les officiers d'état-major.

Les grades sont : colonel, lieutenant-colonel, commandant, capitaine, lieutenant en premier, lieutenant en second, sous-lieutenant élève. La hiérarchie supérieure se subdivise ainsi : général de brigade, général de division, lieutenant général ou général de corps d'armée, capitaine général ou maréchal.

La gendarmerie ou « garde civile » se recrute
parmi les anciens sous-officiers ayant au moins six
ans de service. Au collège de Getafe, près de Madrid,
se forment les officiers.

Les *carabineros* sont chargés de la douane ; les
officiers sont formés au collège des carabiniers de
l'Escorial.

Les « hallebardiers », dont l'uniforme se rapproche
de celui des « gardes-françaises », sont préposés à la
garde de l'intérieur du palais royal.

Des aumôniers sont attachés aux corps de troupes.

L'organisation générale des forces militaires est
confiée à une *Junte consultative de la guerre*, toute-
puissante.

Le corps des officiers, excessivement nombreux,
joue un rôle important dans la nation ; beaucoup pré-
tendent qu'il n'aspire qu'à en jouer un beaucoup
plus considérable encore.

Les forces navales, si éprouvées en 1898, se recon-
stituent. En 1913, un projet de loi prévoyait la
construction d'une seconde escadre composée de
3 cuirassés de 21 000 tonnes, 2 croiseurs-éclaireurs
de 5 000 tonnes, 9 torpilleurs de haute mer de
600 tonnes, 3 submersibles de 400 à 600 tonnes. C'est
un gros effort fait par la marine, qui s'est souvent
plainte d'être traitée en parente pauvre.

CHAPITRE XII

La Société espagnole
Le Clergé

Dans un pays qui veut vivre, qui veut progresser et grandir, la société, réduction de la nation, doit, elle aussi, dans un mouvement ascendant, se transformer et changer. Il ne faut pas que, dans une admiration béate de son passé d'honneur et de gloire, elle se fige dans une attitude séculaire ; au contraire, rejetant, non pas les saines traditions, mais les coutumes démodées, elle doit se moderniser franchement, s'adapter aux exigences du temps présent, avec grâce et bonne humeur.

En Espagne, terre de légende, il semblerait que cette théorie du transformisme soit, plus qu'ailleurs, difficile à appliquer pour une société que l'esprit ancestral a dû marquer à jamais ; peut-être même le progrès aurait-il eu peine à s'ouvrir un chemin dans certains centres aristocratiques et fermés, si, tout en haut de ce « monde », un peu dédaigneux de la poussée en avant d'un peuple qui veut rajeunir, ne se dressait une figure hardie, aventureuse et vivante, bien vivante : le roi ! Ce petit-fils de Philippe V ne s'immobilise pas dans une contemplation stérile des siècles écoulés ; ardent, plein d'entrain, « moderne » dans la meilleure acception du mot, il est ici aujourd'hui, là demain, partout où il doit faire son métier de roi, même quand ce métier comporte les risques les plus graves, et c'est sans doute parce que, parfait ouvrier, il le fait, ce métier, avec l'enthousiasme et le « cœur à l'ouvrage » de quelqu'un de ses lointains sujets, courageux Catalan ou loyal Aragonais, que ses adversaires ne triomphent pas.

Qu'elle est loin aussi de la frêle et timide Marie de Neubourg, immortalisée par Victor Hugo, la reine d'Espagne, qui sait concilier ses devoirs de mère et de souveraine et qui, la première, dans toutes les manifestations, patriotiques, charitables ou artistiques, prouve combien est périmée cette légende qui évoquait la femme espagnole s'éveillant au crépuscule, bonne uniquement à manier l'éventail !

Malheureusement, les légendes sont souvent enveloppées de grâce et de délicatesse, la vérité toute nue est moins plaisante, et ce sont les premières qui demeurent.

C'est ainsi que s'est formée, depuis une cinquantaine d'années, l'opinion exagérée et souvent fausse, qui fait de la société espagnole la copie exacte du monde dépeint par le romancier Luis Coloma dans son fameux livre *Pequeñeces* (Bagatelles).

Sans doute, ce pieux jésuite a-t-il écrit son œuvre dans un but moralisateur, pour frapper l'esprit de ses concitoyens et les sanctifier, mais sa diatribe, bonne à débiter du haut d'une chaire, a pris, découpée en pages virulentes, l'aspect d'une étude d'après nature, qui, à l'étranger surtout, a donné de la société une idée non seulement peu flatteuse, mais souvent erronée.

Les peuples heureux n'ont pas d'histoire, les femmes honnêtes non plus, aussi faut-il se garder de généraliser; et mieux vaudrait peut-être, pour éloigner d'une brebis galeuse, l'ignorer, que d'étudier minutieusement sa misère, au risque de faire oublier que tout le reste du troupeau est sain.

Il n'est jamais bon d'étaler ses défauts, le voisin les découvre aisément, trop heureux d'en faire des vices qui le consolent des siens; et il faut souvent, pour changer une réputation, les événements les plus tragiques. De quel prix la France, réputée si légère, a-t-elle dû payer une plus véridique appréciation de ses mérites !

Aussi n'est-il pas juste de s'appuyer sur une peinture originale mais tendancieuse d'une société pour décréter péremptoirement : les femmes qui la composent sont des coquettes et des inutiles quand ce n'est pas pire, les hommes des ambitieux ou des incapables.

La société espagnole contient, comme toute réunion humaine, quelques éléments fâcheux, mais combien négligeables au regard de tant d'hommes de devoir, ambitieux, certes, mais de l'ambition noble de s'améliorer en progressant, en atteignant un but précis qui fera et leur pays, et eux-mêmes plus grands.

Quant aux femmes, même les plus nobles et les plus choyées de la fortune, il suffit de les voir dans les crèches, dans les dispensaires, à la Croix-Rouge fondée par la reine ou aux soupes populaires, dans toutes ces œuvres nouvellement fondées à Madrid, — pour ne citer que la capitale — pour se rendre compte qu'elles ne sont pas uniquement occupées de coquetteries ou de flâneries.

Dans un pays où le soleil sourit, éclatant, la plus grande partie de l'année, la façon de vivre de ses habitants est toute différente de celle des terres froides et brumeuses; cela explique la réputation d'indolence faite aux Espagnols. Quand le ciel est si bleu, où serait-on mieux que dehors ? et la foule se presse sur les places, dans les rues, dans les larges avenues. A Madrid, l'habitude est de se promener sous les beaux ombrages des Récollets ou sous ceux de la Castellana. Les automobiles de luxe, les équipages de toutes sortes débouchent de la calle de Alcalá sur la place de Madrid et font l'admiration, entre cinq et sept heures du soir, de tout le monde de petits bourgeois qui viennent se frotter au grand luxe des privilégiés de la fortune.

Les femmes, élégantes, sous l'ajustement parisien,

perdent malheureusement, peu à peu, les signes distinctifs de la race ; il semblerait que le chapeau, la coiffure, la toilette, les fards achetés dans un magasin unique leur modèlent une beauté en quelque sorte uniforme, certes point désagréable à regarder, mais plus banale parfois que celle de la *chula*, si jolie sous ses cheveux brillants piqués de fleurs communes. La mantille, surtout à Madrid, est complètement délaissée, sauf en de rares circonstances ; dans les villes du Midi, elle reparaît parfois aux courses de taureaux.

La manière de vivre de la classe riche est à peu près identique à celle de l'aristocratie française ou anglaise. Mais, cependant, il y a peu de vie de château, et le château isolé au milieu des ombrages d'un vieux parc n'existe guère que dans le Nord. Dans le Midi, les familles riches ou de vieille souche ont leur *casa solar*, leur hôtel dans les bourgs ; même en Andalousie, il arrive parfois que des familles qui sont dans leurs terres rentrent s'abriter des fortes chaleurs en ville.

La femme de la haute société sort le matin vers onze heures ; elle fait une promenade à pied au Paseo de la Castellana, puis quelques courses avant le déjeuner, qui a lieu, en général, à deux heures. L'après-midi est réservé aux visites ou aux réunions ; comme partout, la danse est la grande favorite, on s'y livre dans de nombreux salons de thé, comme aussi au Ritz ou au Palace.

Le tennis est le sport féminin qui obtient le plus

de faveur, mais beaucoup de jeunes filles et de jeunes femmes vont aussi, en hiver, dans la Sierra de Guadarrama faire du ski et de la luge.

Les hommes pratiquent, en tout temps, outre le tennis, le polo, le golf, le tir aux pigeons, et achèvent leurs soirées dans un des cercles les plus réputés de Madrid : *El Casino, la Gran Peña, El Círculo Militar*, tous fort luxueux et parfaitement aménagés.

Les réceptions à la Cour ont lieu au Jour de l'an, à la fête et à l'anniversaire du Roi et de la Reine. On ne donne pas de bals. Sont conviés à ces fêtes les Grands d'Espagne, le corps diplomatique, les hauts fonctionnaires, les dames de l'aristocratie et les femmes des ministres. La bourgeoisie reste exclue.

Les bains de mer sont à la mode, les plus petits bourgeois rêvent de s'installer à Saint-Sébastien, pour se frotter à la cour et à l'aristocratie, mais cette dernière se plaît davantage sur la jolie plage de Zarauz. Les gens plus modestes vont à Alicante, d'autres à la Granja ou à l'Escorial. Le goût des voyages se répand de plus en plus, le change en est la cause, alors qu'il y a quelques années les Espagnols s'éloignaient rarement de chez eux ; les émigrants mis à part, il n'y avait guère que les possesseurs de grosses fortunes qui visitaient même la France si proche ; maintenant la classe moyenne, la bourgeoisie se déplacent, font des voyages et même de courts séjours à l'étranger.

Si le peuple est fanatique du cinéma, la haute société reste fidèle au théâtre; jusqu'en 1907, les spectacles prenaient fin fort tard, les théâtres fermaient couramment à deux heures du matin et les cafés à trois; maintenant, plus normalement, le spectacle s'achève vers minuit.

A Madrid, le « Teatro Real », le « Teatro español », « la Comedia » sont les plus réputés; il est de bon ton de se rendre en habit au premier, dans les loges et aux fauteuils d'orchestre. Il faut agir de même pour le second, les lundi et mercredi, et le vendredi pour le troisième, car ces jours, appelés *gran moda*, sont particulièrement élégants.

Les samedis, appelés *blancos*, indiquent que le spectacle peut être vu par les jeunes filles.

Les théâtres ouvrent, en général, leurs portes les derniers jours d'octobre. La saison du « Teatro Real » s'achève à la fin de mars, celles du « Teatro español » et de « la Comedia » à la fin d'avril. Les théâtres *por secciones*, ceux où l'on représente de très courtes pièces et où l'on peut louer pour une ou plusieurs de ces pièces, ont une saison plus longue.

Le dîner ayant lieu vers neuf heures, il est d'usage d'arriver au théâtre assez tard. La femme du monde n'a pas pris l'habitude de souper à la sortie, sauf dans les grands hôtels à Noël ou quelque jour de fête.

Le véritable Espagnol reste noctambule; il semble qu'il ait peine à quitter la rue, son domaine, cette rue vivante, grouillante, inondée de lumière, où, comme un refrain obsédant, l'appel magique : *loteria, loteria,* scande les rires, les cris, les appels, plus perçant que les cornes des tramways ou les trompes des autos. Cette voix unique que prennent les camelots pour rappeler au passant qu'il sera peut-être riche demain semble le cri nocturne de quelque oiseau malfaisant ; c'est le dernier qui trouble le repos de la ville qui s'endort.

Les réceptions privées ne se bornent plus à un vain étalage de luxe ; à mesure que l'activité matérielle et intellectuelle se développe, la conversation prend un tour qu'elle ignorait jusqu'alors ; autrefois, après quelques généralités sur les malheurs du pays, on ne savait guère parler que de politique, de courses de taureaux ou d'amour ; maintenant hommes et femmes, plus instruits, entraînés dans un formidable développement industriel, amenés à fréquenter des étrangers, se renouvellent peu à peu, et la variété et l'animation remplacent la morne stérilité des bavardages puérils de naguère. Les femmes, en élevant peu à peu leur esprit, en le cultivant, éprouvent le besoin de façonner à leur image l'âme de leurs enfants ; encouragées par un exemple venu de haut, par snobisme, disent les mauvaises langues, elles n'abandonnent pas à des mercenaires l'éducation des petits êtres qu'elles traitaient parfois en poupées ; elles préparent la race de demain, et, à quelque mobile qu'elles obéissent, elles la font saine et forte, parce que, à une hygiène physique rationnelle, elles joignent une éducation plus virile, et parce

« La Malvarrosa », propriété de M. Blasco Ibáñez

que les mains solides qui s'appuieront au volant d'une
automobile perfectionnée seront conduites par une
volonté réfléchie et disciplinée qui sait d'où elle vient :
du passé ensommeillé ; où elle va : vers la lumière du
progrès.

Le problème religieux est un de ceux qui créent,
dans quelque pays où il se pose, l'atmosphère la plus
passionnée. En Espagne, il est particulièrement sujet
à controverses, car il a toujours été mêlé d'une
façon très intime à la vie de la nation.

Si l'on écoute les détracteurs de l'Église, ils vous
prouveront que seul le cléricalisme, ennemi du progrès, empêche l'Espagne d'arriver à de hautes destinées ; si vous vous tournez vers les soutiens de la foi,
vous les verrez clamer leur espoir de restauration
dans la suprématie politique de l'Église.

« Mon royaume n'est pas de ce monde » a dit
Jésus ; pourtant plus qu'aucun roi il a vu grandir le
nombre de ses sujets dans la suite ininterrompue des
siècles ; ses vrais fidèles le savent bien, c'est pourquoi, en Espagne comme ailleurs, des luttes pourront
se nouer et se dénouer, amenant tour à tour dans les
deux camps des triomphes et des défaites. Qu'importe l'esprit « clérical » ou « anticlérical » dans un
pays où l'esprit de Dieu demeure, et l'Espagne, quoi
qu'on en dise, est de ceux-là.

Certes, vous entendrez dans la classe moyenne des gens se déclarer libres penseurs, des ouvriers blasphémer avec une telle abondance que vous crierez au scandale, et cependant ces mêmes hommes, déférents, s'inclineront, presque malgré eux, au passage d'une procession ; tout un long atavisme de foi est en eux et quand la foi s'effacera, ils la retrouveront sans doute par un autre chemin, celui de l'intelligence disciplinée et du raisonnement, plus lumineuse et plus parfaite, car seule la fausse science est incrédule et le peuple vraiment instruit comprendra la nécessité de l'idéal. D'ailleurs, dans certaines provinces, les sentiments religieux sont très vifs ; dans toute la région du Nord, les Espagnols feraient le coup de feu pour défendre leur foi ; on en eut des exemples sous le ministère Canalejas. Quant à la haute société, elle reste nettement catholique, et catholique pratiquante ; il n'est pas rare dans certaines maisons aristocratiques de voir réciter le chapelet avant le repas du soir, et cela devant des invités appartenant même au Sénat et à la Chambre des députés. Les prêtres sont reçus sur le pied d'égalité, et leur influence est grande, on les respecte, on les aime dans les familles les plus nobles, bien qu'ils soient recrutés surtout dans le peuple ; mais si quelques-uns sont frustes et peu instruits, — on les appelle « curas de misa y olla » — curés élémentaires, en général chargés des paroisses de campagne, beaucoup ont une culture fort étendue et sont docteurs en théologie.

L'organisme du clergé est réglé par un concordat ; les règles prévues par le concile de Trente sont en application. Les cures et dignités s'obtiennent par concours, si bien que l'on peut voir des chanoines de vingt-cinq ans que leurs études rendent collègues de vieillards.

Il y a un évêque par province ecclésiastique, désigné par ses pairs et qui est sénateur de droit. L'archevêque de Tolède est primat d'Espagne. Pendant longtemps, la ville de Madrid n'a pas eu d'évêché, ce n'est qu'à la fin du dix-neuvième siècle qu'on en créa un. Les villes métropolitaines sont : Burgos, Santiago, Saragosse, Tarragone, Valence, Séville, Grenade, Tolède, Valladolid.

Il n'y a qu'un séminaire par diocèse ou séminaire conciliaire ; les plus connus sont ceux de Salamanque et de Valence. Les élèves y commencent le latin et font leurs études jusqu'à la fin de la théologie élémentaire ; ils prennent, en général, la soutane fort tard.

Le curé dirige sa paroisse, s'occupe des œuvres, visite les malades, mais il prêche peu en général ; il n'y a pas comme en France des prédications de carême, la foi prouve ainsi combien profondes sont ses racines dans l'âme espagnole, puisqu'elle n'a pas besoin d'être soutenue par une parole vibrante et éclairée. Dans les campagnes, des missionnaires vont de temps à autre faire des prédications, accueillis comme le Messie par les paysans ; ils font un bien immense à ces simples qui ne les quittent jamais sans larmes.

C'est dans la famille, en général, que s'apprend le catéchisme aux enfants, et c'est peut-être là une des grandes forces de l'Espagne catholique que ce christianisme enraciné dans la famille, la religion étant institution du foyer, comme autrefois chez les Romains. Un examen individuel fait par le curé suffit d'ordinaire à déclarer l'enfant apte ou non à faire sa première communion. Dans le pays basque, quelques curés ont établi des catéchismes, mais ce n'est pas général.

Il y a, en Espagne, un grand nombre de religieux; innombrables sont ceux qui viennent de France; parmi les Espagnols, les plus nombreux sont les Bénédictins, les Augustins de l'Escorial, qui dirigent une revue importante intitulée *la Cité de Dieu*, les Franciscains, les Dominicains, les Jésuites, ces derniers dominent dans les écrits, la prédication ou l'enseignement; un. de leurs plus célèbres collèges se trouve près de Bilbao, sorte d'université religieuse qui prend les élèves à la sortie du collège pour les conduire aux écoles supérieures. Les frères des Écoles chrétiennes sont aussi très nombreux, ainsi que les Lazaristes.

Les religieuses sont toutes cloîtrées; elles ne sortent jamais, sauf celles venues de France.

Un grand effort se dessine depuis quelques années pour créer des œuvres sociales religieuses, à Barcelone, notamment, pour neutraliser celles qui ont des sources purement révolutionnaires. Le P. Palao, auteur de : *le Catholique d'action*, successeur du Jésuite, le P. Vicente, est un de ceux qui se donnent avec le plus de zèle à cette tâche.

De Bilbao, un autre centre vise à l'action sociale rurale.

Les Conférences de Saint-Vincent-de-Paul pour la visite des pauvres ont pénétré aussi en Espagne. Les Espagnols, dont la foi est vive pour la plupart, ont compris qu'il faut la faire avant tout agissante et vivante pour qu'elle rayonne. Ils sentent que s'il est bien d'enfouir en esprit de pénitence son visage sous une sombre cagoule ou sa taille sous « l'hábito » monacal des vœux temporaires, il est mieux encore de visiter ceux qui souffrent et de panser leurs maux.

Ce sentiment, qui fait riche le plus pauvre quand il donne un peu de lui à un misérable, qu'on l'appelle charité, bienfaisance ou solidarité, c'est lui qui, dans une nation, prouve la force de sa vitalité : l'Espagne l'a compris.

CHAPITRE XIII

L'ouvrier espagnol

Le problème social est, en Espagne plus qu'ailleurs, un point menaçant dans la renaissance du pays. Posé depuis de longues années et, en particulier, depuis dix ans, les faits récents prouvent qu'il est loin d'être résolu. Depuis 1909, on peut dire que les conflits ouvriers sont devenus un mal chronique. Les grèves qui prennent naissance à Barcelone et à Bilbao, citadelles du socialisme, s'étendent vite de Madrid à Saragosse, voire même à Séville et à Valence. Toute la vie économique de l'Espagne est ainsi menacée d'être suspendue d'un moment à l'autre, et tant que ce malaise se prolongera, le pays ne respirera pas dans cette belle santé morale qui fait les nations fortes.

Des efforts sont tentés pourtant, des idées généreuses sont en marche, malheureusement elles restent souvent à l'état de projet. Des lois nombreuses ont été promulguées ; loi sur les accidents du travail (1900), loi sur la prévoyance (1908), loi sur la journée maxima de travail dans les mines (1910), loi prohibant le travail de nuit de la femme dans l'industrie (1912), loi réformant les tribunaux industriels (1912).

Ces réformes font le plus grand honneur à « l'Institut des Réformes sociales » qui les a préparées ; il est à regretter seulement que, sauf peut-être en ce qui concerne la loi sur les accidents du travail, elles soient restées à peu près lettre morte. Et il faut bien dire que la faute en incombe, et à l'Etat qui ne dispose pas de fonds suffisamment importants pour créer un service d'inspection assez parfait, et aux patrons, trop souvent adversaires instinctifs des innovations, et enfin à l'ouvrier lui-même, travaillé par les idées anarchistes et qui se défie de toute ingérence officielle et législative.

Enfin, si cette législation se préoccupe des travailleurs de l'industrie, elle ne se soucie guère de ceux de l'agriculture, pourtant si nombreux, et tout aussi intéressants. Les lois qui les concernent se sont bornées à celles sur les syndicats agricoles et sur les caisses agricoles (*pósitos*).

La première a eu pour résultat la formation de syndicats qui s'occupaient d'acheter en commun des engrais chimiques et les matières premières nécessaires à l'agriculture. La seconde a modernisé de vieilles institutions espagnoles en transformant les anciens magasins à blé en banques agricoles ou en caisses rurales.

C'est quelque chose, mais ce n'est rien, en compa-

raison de tout ce qu'il resterait à faire au point de vue
des coopératives et des sociétés de secours mutuels :
coopératives de production et de consommation, par
exemple, ou mutualités contre la mortalité du bétail.

D'ailleurs, le développement des syndicats, l'organisation du crédit agricole ne suffiront pas à aplanir
les difficultés qui naissent surtout de ce que l'Espagnol
qui cultive est rarement propriétaire de sa terre et
doit, comme, par exemple, en Galice, dans les Asturies, la province de Léon, payer, en vertu de conventions fort anciennes, au propriétaire du domaine
des redevances très lourdes, alors que souvent le
produit brut de sa parcelle de terrain suffit seulement à l'existence de sa famille. Dans ce cas, il faudrait une véritable révolution pour arriver, afin de
secouer l'indifférence des grands propriétaires, à
l'appropriation de leurs terres. Ce n'est pas aisé. Tout
au moins l'État pourrait, après avoir procédé à l'achè-
vement du cadastre parcellaire, pour assurer une plus
juste répartition de l'impôt foncier, intervenir pour
protéger le fermier quand ses charges sont trop
lourdes. De plus, en installant des familles pauvres à
demeure dans les terrains prélevés sur les biens com-
munaux, il commencerait peut-être à porter remède à
cette émigration ouvrière qui, avant 1914, enlevait à
l'Espagne les éléments les plus productifs de sa population. Certes, cet exode a décru dans des proportions
notables ; alors qu'il était, en 1912, de 194443 personnes, il ne se montait plus, en 1918, qu'à 20168 ;

mais cette diminution ne provient nullement de l'amélioration de la situation de l'ouvrier, mais du manque de transports et du prix élevé des voyages. Il est à craindre que, dès que ceux-ci redeviendront plus faciles, le courant si inquiétant de l'émigration ne reprenne pour vider la Péninsule de ses fils les plus actifs.

Pris individuellement, l'ouvrier espagnol a des qualités qui, bien dirigées, pourraient faire de lui l'ouvrier type ; malheureusement sa fierté naturelle le porte tout à la fois à mépriser, par esprit de contradiction, les idées, les habitudes et les choses étrangères, et en même temps, de peur de passer pour rétrograde, à les rechercher et à les adopter en les dépassant. Aussi, dans sa soif de justice, il veut entrer à tout prix dans le paradis de la science et de la Révolution où le plus fort tue, mange ou exploite le plus faible, où le rationnel et le réel ne font qu'un, où le succès justifie tout, et où, quand la société sera complètement détruite, lui et ses pareils seront tous rois. Et pour cela, il se laisse circonvenir, enrôler par ceux qui prêchent cet âge d'or au nom d'une liberté qui est cependant, en Espagne plus qu'ailleurs parfois, en honneur. On peut s'en convaincre en voyant flotter le drapeau républicain, chaque dimanche, à Barcelone, aux fenêtres de tous les « centres » républicains, aussi bien dans la ville que dans les faubourgs. Les cafés s'ornent souvent aussi d'emblèmes républicains ; dans un débit du port de Barcelone, on a pu voir un chromo qui représentait une foule d'hommes armés guidés par une Marianne, quittant Barcelone et se dirigeant vers une ville qu'un poteau indicateur désignait comme étant Madrid. Enfin, il n'est pas rare de voir des agents de police lire, sans se cacher aucunement, des journaux républicains. Il y a bien des pays soi-disant libres où des faits analogues seraient réprouvés. Pourtant l'ouvrier s'imagine qu'il est prisonnier de l'intolérance et que son pays arriéré a besoin de « s'européaniser », ce qui est faux ; il n'a, au contraire, qu'à s'hispaniser davantage en cultivant ses qualités propres et en s'assimilant seulement ce qui lui est convenable et nécessaire.

D'ailleurs, l'ouvrier espagnol n'a pas une mentalité unique ; le Catalan ne ressemble pas au Valencien, pas plus que l'Aragonais au Sévillan. Le premier a un caractère fier, une âme passionnée ; sobre, il a pourtant le goût du plaisir, et son intelligence ouverte le porte aux opinions extrêmes.

L'aspect froid et un peu sévère des ouvriers catalans, leur attitude distante dissimulent des passions ardentes qui se développent brusquement ; car ils se laissent facilement exalter si une idée leur est présentée sous un jour qui les séduit ; vite influencés par la magie du verbe, l'éloquence les entraîne aux pires extrémités. Ils se grisent de paroles plus que d'alcool, car l'ivrogne est rare en Catalogne. Des amis se rencontrent, ils bavardent longuement, mais s'ils s'entraînent l'un l'autre à aller prendre une consommation, un café, un verre de vin ou une anisette leur suffit.

Quelques-uns boivent un vermouth, mais il est bien rare qu'ils ne s'en tiennent pas là. Ils ont encore en eux un reste de la sobriété orientale, et cette affinité lointaine n'est pas la seule qu'ils aient conservée ; à les voir parfois empoignés par un spectacle qui leur plaît, leurs faces muettes irradiées de plaisir, à entendre leur voix aux sonorités ardentes, au timbre rauque, mais émouvant, on évoque, malgré soi, quelque ville lointaine du Maghreb plutôt que la moderne Barcelone. C'est encore une vieille habitude musulmane que la politesse qui régit, pour la plupart, leurs manières, politesse d'ailleurs toute de surface, car le Catalan n'aime pas l'étranger, pas même l'Espagnol venu d'une autre province; il tient à rester entre compatriotes, il ne veut pas se laisser pénétrer par d'autres éléments, et, en cèla, il n'est peut-être pas tout à fait à blâmer, car trop souvent c'est pour vous exclure de votre part au travail que les ouvriers des autres nations viennent près de vous. Du reste, très orgueilleux, l'ouvrier catalan est convaincu qu'il n'a rien à apprendre d'autrui, il se croit supérieur aux autres, aussi bien dans la teinturerie que dans la raffinerie, dans la métallurgie que dans la mécanique. Et sa seule supériorité, son art exceptionnel de la ferronnerie, c'est à peine s'il songe à s'en prévaloir, sans doute parce que c'est son génie propre, et qu'avant tout, poussé par la manie d'imitation, il veut réussir là surtout où les autres ont réussi. Indépendant, il semble qu'il mette un point d'honneur à rentrer à l'usine avant l'heure plutôt que de paraître obéir au coup de sifflet qui annonce qu'il est temps de reprendre le travail. Cette manifestation extérieure de la discipline doit lui déplaire ; aussi préfère-t-il attendre quelques minutes auprès des machines ou au vestiaire, plutôt que de jouir jusqu'au dernier instant de son temps de repos.

Cette conscience de sa valeur que possède l'ouvrier catalan est une des raisons pour laquelle, dans beaucoup d'usines, comme dans celle de la célèbre fabrique d'automobiles Elizalde, pour n'en citer qu'une, le « taylorisme » peut fonctionner : les ouvriers ayant une paye fixe qui correspond aux capacités de chacun d'eux, augmentée de primes proportionnelles à leur production.

Il est certain qu'ainsi la grève des bras croisés est complètement évitée, mais ce système, pour ne pas donner lieu à des discussions, implique, en même temps que la confiance absolue en la justice du patron, une droiture de conscience rare et un souci de l'honnêteté absolue chez l'ouvrier.

Sobre pour la nourriture autant que pour la boisson, il est avide de distractions ; courses, musique, théâtre, cinémas, peu lui importe, pourvu que le spectacle se renouvelle. A Barcelone, les quartiers du « Parallèle » semblent une fête perpétuelle. Le théâtre « Soriano » est presque toujours comble, le « Théâtre espagnol » comme le « Théâtre lyrique » sont moins fréquentés, mais le « Teatro cómico », qui donne jusqu'à trois représentations par jour, a une clientèle fidèle. Les cafés-concerts ont un très grand succès, trop grand succès quand on songe aux inepties qui s'y débitent. Quand au « ciné », il a toujours toute la faveur du peuple ; les spectateurs y sont si nombreux que, souvent, beaucoup sont obligés de rester debout dans les couloirs. Cette variété et cette abondance de spectacles populaires et le succès qu'ils ont auprès des ouvriers montrent quel besoin ont ceux-ci de s'extérioriser, et c'est ce qui explique aussi leurs idées de révolte ; c'est de la Révolution, leur semble-t-il, qu'avec la liberté et la richesse sortira cette joie sensuelle qui leur est indispensable. C'est pourquoi, malgré la loi de huit heures, malgré l'associationnisme, malgré toutes les réformes qui peu à peu s'ébauchent, il suffit, pour les rejeter vers les tentations révolutionnaires, que surgisse un apôtre de l'utopie qui leur prêche la conquête prochaine et sanglante de tout le plaisir épars dans le monde. Butés, dans une obstination qui n'est pas raisonnée, ils ne profitent pas, le plus souvent, des améliorations qui pourraient être apportées à leur existence. Il se trouve à Barcelone plusieurs usines qui mettent à la disposition de leurs ouvriers une coopérative de consommation avec une salle de restaurant convenable et tout le matériel nécessaire ; ainsi, les ouvriers peuvent réaliser sur leur nourriture une petite économie. Eh bien, sur trois cents ouvriers, il n'en est guère qu'une soixantaine qui consentent à déjeuner à la cantine, sous prétexte que le menu n'est pas

varié, alors que dans les « Casas de comida » il pèche
bien aussi par la même monotonie; gens de routine,
ils découragent ainsi d'excellentes initiatives, sans se
rendre compte qu'ils font le jeu des patrons intran-
sigeants qui s'applaudissent de voir si mal récom-
pensées les idées altruistes de certains d'entre eux.

L'ouvrier andalou... Pour ceux qui gardent leurs
vieux préjugés sur l'Espagne, patrie de la paresse, ces
deux mots accolés semblent une ironie. Qui donc travaille en Andalousie ?... Ah ! oui, quelques brunes
cigarières ! Et l'on évoque tout de suite la séduisante
Carmen, et ces ateliers féminins où l'homme n'est pas
admis à pénétrer. Mais les jolies cigarières, s'il en est
encore quelques-unes, sont, pour la plupart, des contemporaines, en effet, de la belle Carmen, et les plus
inflammables parmi leurs admirateurs, s'ils passaient
auprès d'elles, détourneraient les yeux, non par pu-
deur offensée, mais par dépit en voyant si vieilles et
si ratatinées les jolies gitanas d'antan. Il n'y a plus
guère de « Carmen », et il y a tout un monde d'ouvriers sévillans. Peut-être n'ont-ils pas la même sobriété que ceux de Catalogne, le soleil, même l'hiver,
est chaud, et le Manzanilla est toujours si capiteux.
Peut-être aussi au coin des rues voit-on bien des
apprentis jouer aux dominos, au loto, ou aux cartes.
Mais à l'atelier, tous ces amis du soleil, du jeu et
du bon vin déploient une vive intelligence; ils ne
travaillent pas en machines, mais en êtres pensants ;
ils devinent l'explication qu'on veut leur donner;

s'ils étaient doués du même esprit de suite, de la même ténacité qui caractérisent les Espagnols du Nord, il n'y aurait pas de meilleurs ouvriers, car bien qu'ils soient tenus pour flâneurs, mous et indolents, ils ne perdent pas de temps en bavardages comme les Catalans, et, à l'annonce d'une heure de travail supplémentaire, au lieu de se révolter, ils disent gaiement : « Ce sera davantage d'argent gagné. » Car les salaires sont moins élevés et les journées de travail plus longues, en général, à Séville qu'à Barcelone ; à ce propos, les syndiqués obéissent souvent au mot d'ordre venu de Barcelone, et c'est la révolte violente, mais le plus souvent la révolte partielle, car ils ne sont pas en majorité absolue ; cependant leur nombre croît de plus en plus ; certes, il n'y a pas, à Séville comme à Barcelone, une forte organisation révolutionnaire, mais les patrons feraient bien de ne pas méconnaître la force de groupements parfois numériquement insignifiants, mais qui, organisés, unis, soutenus par des forces étrangères au pays, peuvent triompher d'une masse sans organisation.

Le quartier industriel de Séville s'étend au nord et à l'est de la ville et le long des vieux remparts, entre la « Puerta Macarena » et la « Puerta de la Carne ». L'ancien quartier des couvents entre le « Guadalquivir » et l' « Alameda de Hercules » est, lui aussi, transformé en cité industrielle ; c'est là que se travaille le fer et que se trouvent le plus grand nombre de fonderies. Les fabriques d'*azulejos* se pressent dans le

Types d'ouvriers et d'ouvrières espagnols.

faubourg de « Triana », si bien que si l'on ajoute les dockers qui travaillent sur les quais du fleuve, on peut dire qu'il n'y a guère de ville qui soit plus ceinturée d'ateliers et d'usines ; ses ouvriers l'entourent dans une ronde active.

Ami de l'élégance, aimant les jolies choses, aimable, tel est le Sévillan. Il y a un contraste frappant entre un contremaître de Barcelone et un contremaître de Séville : le premier commande, le second donne un ordre d'un ton si affable qu'il semble presque n'exprimer qu'un désir. L'ouvrier andalou n'est pas seulement serviable et d'un commerce agréable, il aime la poésie, la langue littéraire ; il n'est pas rare d'entendre dans les cafés populaires des consommateurs chanter des improvisations qui vous font croire que le temps des Califes est revenu ! C'est le même atavisme qui leur fait tant goûter les spectacles où la danse tient une grande place ; il faut voir avec quelle passion ils la suivent des yeux ! D'ailleurs, au spectacle, ils n'ont pas, en général, la même tenue que les Catalans ; ils rient, ils applaudissent frénétiquement, ils ponctuent les finales drôles d'un mot, si bien que la scène et la salle semblent se confondre. Au cinéma, ils agissent de même, ils se passionnent pour les héros, accueillant par des huées ceux qui leur déplaisent, vibrant à l'unisson de toutes les phases du film. Mais c'est aux courses de taureaux qu'il faut les suivre pour juger leur âme passionnée ; et, cependant, même dans leur plus grand délire, ils restent harmonieux, élégants ; jamais ils ne tombent dans la grossièreté.

Pourtant ces êtres de séduction ne doivent pas être considérés par ceux qui les emploient comme des artistes insouciants et légers. Comme Séville, qui dissimule sous le charme de son ciel et la beauté de ses fleurs une vie industrielle intense, l'Andalou, sous sa politesse aimable, sa finesse, cache les mêmes ambitions que ses frères septentrionaux ; justement parce que son intelligence est plus vive, il a conscience des égoïsmes forcenés qui barrent sa route, et les théories revendicatrices hantent son cerveau ; mais on ne s'en apercevra malheureusement que lorsque éclatera, là comme ailleurs, la pitoyable guerre des classes.

Ouvrier des champs ou des villes, l'Aragonais est pétri des mêmes défauts et de qualités analogues ; le paysan, comme le tanneur, le maçon ou le mineur est actif, travailleur, loyal, mais violent, querelleur et têtu.

Quand on traverse cette opulente vallée de l'Èbre où ont été disséminés les foyers industriels afin d'échapper à l'inconvénient des importantes agglomérations ouvrières, c'est un type presque unique qui vous croise, qu'il porte la veste et le chapeau de l'ouvrier endimanché ou les culottes courtes et le mouchoir en forme de turban du gardeur de troupeaux. Toute la population a du sang arabe dans les veines et l'impression orientale est intense quand, dans la solitude d'un chemin creux, des paysans se mettent à chanter de ces vieilles mélopées transmises sans doute de père en fils et qui s'arrêtent court dans une sorte de cri triomphal ou dans un hoquet douloureux. C'est la même empreinte musulmane qui leur a laissé le goût des dessins polychromes qui égayent les harnachements de leurs mules, et c'est dans un mouvement qui rappelle celui des burnous qu'ils drapent sur leur épaule la couverture de laine rayée de couleurs vives. Ils ont une noblesse innée, même les plus pauvres d'entre les ouvriers vinicoles; à les voir près des pressoirs, grands, robustes, élégants, décharger les paniers de raisin d'un geste sûr, on sent l'empreinte indélébile déposée par une race noble et que jamais en eux la bestialité ne pourra étouffer complètement sa vigueur. Il n'y a pas, pendant les vendanges, comme dans le midi de la France, d'équipes de porteurs ; chaque vendangeur coupe le raisin et en emplit un panier, il le vide ensuite dans de très grands paniers; puis, quand ceux-ci sont pleins, il les transporte sur le bord du champ, là, les mulets ou la voiture viennent les chercher.

En général, l'homme seul travaille à la vigne, femmes et filles restent à la maison, occupées aux travaux domestiques; aussi la famille, plus qu'ailleurs, reste fortement constituée et est particulièrement féconde. Quant à l'alcoolisme, il reste chez le paysan, chez le travailleur agricole, l'exception ; certes, bien des hommes aiment le vin, mais sans se laisser aller jusqu'à la complète ivresse; du reste, une propagande active est faite pour protéger ces populations restées saines, contre le fléau dévastateur, et on s'applique à leur en montrer le danger par des conférences et des projections.

Ouvriers métallurgistes, mineurs ou tanneurs se laissent plus facilement dominer par le démon de l'alcool, mais ce n'est pas celui-là qui a encore l'emprise la plus tenace dans leur âme entêtée, violente et querelleuse. Les théories politiques et sociales qui se propagent avec succès dans cette province constituent, pour les défauts des Aragonais, un terrible bouillon de culture, au détriment des qualités de franchise, de travail, d'énergie qui les caractérisent. Abusés par des mots, ces hommes, si endurants, si appliqués qui travaillent en conscience sans perdre leur temps en flâneries ou en conversations, il serait facile, semble-t-il, de leur prouver que la réussite est dans l'ordre, mais l'attrait du plaisir, de la jouissance que l'on fait toujours miroiter à leurs yeux est la porte ouverte au virus dangereux ; car ils sont passionnés de jeux. Aux cartes, ils perdent parfois en quelques heures le salaire d'une semaine, et ce ne sont pas seulement les jeunes gens, mais des pères de famille qui se laissent entraîner ; les plus raisonnables ne peuvent s'empêcher, après la paye du samedi, de s'offrir un billet de loterie; il leur faut cet achat d'un peu d'illusion, au sortir des durs labeurs, comme il faut aux ouvriers des villes, de Saragosse par exemple, les représentations théâtrales et cinématographiques, ou les spectacles de danse, dont ils sont particulièrement friands et qui, les tirant de leur calme habituel, les jettent dans le délire. Ainsi ressort leur caractère, tout en oppositions ; car l'Aragonais réservé, maître de soi, sous l'empire d'une exaltation quelconque, passe brusquement du calme le plus frigide à l'action brutale.

Distingué, l'esprit ouvert, l'ouvrier madrilène, au visage immobile, sévère et un peu mélancolique, forme une caste à part. Sa besogne matérielle, quelle qu'elle soit, ne le dégrade pas ; il domine ses instruments, que ce soient les machines des mécaniciens, la truelle du maçon ou le composteur des typographes. Chez ces derniers, le sentiment hiérarchique est très vif, le chef d'atelier ou contremaître que l'on appelle « régent » garde une attitude distante, les compositeurs ne frayent pas avec les ouvriers. Pourtant, les syndicats sont, à Madrid plus qu'ailleurs, en faveur : tous les ouvriers sont syndiqués. La « Casa del pueblo « est toujours très fréquentée, la vaste salle ornée du portrait de Pablo Iglesias et qui sert de café et de restaurant est toujours pleine de consommateurs qui discutent en lisant : « España nueva » ou « Adelante ». Chaque métier dispose d'une pièce pour son secrétariat, mais cette installation est assez médiocre : chambres petites et couloirs de dégagement très étroits ; pourtant les cotisations sont en général élevées ; le syndicat des boulangers exige, par exemple, un droit d'entrée de 200 pesetas, et les secours sont modestes, mais de la « Casa del pueblo » dépendent les écoles laïques qui grèvent lourdement le budget syndicaliste.

Tout le pays basque, si riche en minerai de fer et appelé au plus bel avenir industriel, est peuplé d'un monde ouvrier. Vêtus de toile bleue, chaussés d'espadrilles noires, coiffés du petit béret bleu, les ouvriers sont énergiques et travailleurs, mais peu accueillants, ils ont les traits durs, la démarche rapide, ils ne prêtent aucune attention à qui les croise ; moins syndicalistes que les Catalans, ils sont tous, ou à peu près tous, socialistes. Les mineurs, en si grand nombre dans la région de Bilbao, ont des façons rudes, et leur culture est à peu près nulle. Un seul intérêt dans leur vie : le jeu ; s'ils mangent frugalement, par contre, beaucoup boivent dans leur journée jusqu'à trois litres de vin. Si les émigrants mineurs sont économes, la population stable est, au contraire, assez dépensière ; les tavernes, les courses, les parties de cartes, le cinématographe absorbent les salaires, assez importants ; mais la danse surtout est leur plaisir favori ; ils ont pour les Aragonais, pour les Andalous, pour les Castillans qui sont leurs artistes favoris, une fureur d'admiration qui les secoue et les enivre comme une liqueur capiteuse. D'ailleurs, leur moralité, surtout dans les monts de Biscaye, les abaisse parfois au niveau de la brute.

Plus policés, sans doute parce que plus heureux, sont les damasquineurs « grabadores » et les armuriers « pistoleros » d'Eibar, la petite cité cachée dans les replis des montagnes basques. Socialistes exaltés, il est rare qu'ils fassent grève ; car presque tous les patrons, anciens ouvriers, ont gardé les idées et les habitudes de vie du temps où ils étaient salariés. D'ailleurs, partisans du travail à la tâche, ils font gagner à leurs ouvriers de plus forts salaires et ils sont ainsi, les uns et les autres, plus indépendants.

En dehors de la pelote basque, jeu qui passionne toute la province, le cinéma, là comme partout, est le grand favori.

Bilbao est le grand centre révolutionnaire. La lutte est toujours ouverte entre les socialistes et les patrons. Le patronat de Bilbao a construit tout un quartier d'habitations ouvrières, bien exposées sur le flanc de Notre-Dame de Begoña. Il a également suscité la création d'une dizaine de syndicats ouvriers qui comptent un assez grand nombre de syndiqués. Ces syndicats accordent des secours en cas de maladie, accidents, grèves, chômage, décès, fermeture de l'atelier ; ils prévoient sept catégories de cotisations, le secours étant proportionnel au taux de la cotisation. Malgré cette forte organisation, les ouvriers ne fréquentent guère les salles de réunion ; au fond, ils ne se sentent pas chez eux, mais chez les patrons, et ils voient que ce n'est pas là une œuvre vraiment ouvrière créée par les ouvriers, mais une sorte de moyen préventif pour empêcher la constitution d'une force qui pourrait être néfaste aux intérêts capitalistes.

Pour ramener la belle harmonie vivifiante entre les classes, il faudrait triompher de l'égoïsme des riches et de l'ignorance des pauvres. Si ce jour était proche, ce serait l'aube d'un nouvel âge d'or. Puissions-nous ne pas en voir se lever une autre dans un horizon teinté de sang!

CHAPITRE XIV

Le Mouvement littéraire
L'Enseignement

« L'Espagne, a dit Voltaire, n'a qu'un seul livre, celui qui fait voir le ridicule de tous les autres. » Boutade injuste, comme toutes les boutades. A la date où Voltaire écrit, le *Don Quichotte* est simplement le plus célèbre des chefs-d'œuvre d'une littérature merveilleusement riche, vivante et colorée.

Le mot ne serait pas plus juste si on le transposait pour l'appliquer à la littérature contemporaine. La vie littéraire espagnole est tout aussi intense que celle de beaucoup d'autres pays d'Europe : seulement, elle est moins connue en France, peut-être parce qu'une réclame plus tapageuse y a prôné les mérites, à coup sûr moins pénétrables pour nous, de tel écrivain russe, scandinave ou même germain.

En parlant de la littérature contemporaine, on ne prétend point, d'ailleurs, se limiter aux vivants. Plusieurs écrivains, dont les noms seront cités ci-après, sont morts depuis quelques années. Mais c'est le noble privilège de l'art que, par son influence, par la beauté sereine de son œuvre, par l'émotion qu'il excite dans nos cœurs, le sculpteur, le peintre, et surtout l'écrivain, même mort, semble encore vivant.

Il faut même observer que la littérature régionale, en Espagne, est beaucoup plus féconde que chez toute autre nation. Il existe une poésie lyrique asturienne et une poésie lyrique galicienne; à Valence, à Majorque, un théâtre régional très florissant. Il y a surtout toute une littérature catalane, renouvelée en partie par des relations assez étroites avec nos Provençaux, où brillent avec éclat le lyrisme, le théâtre et le roman. Il suffira de nommer le fameux Angel Guimerá, poète lyrique, épique et dramatique. Son inspiration aime les larges horizons : il revêt de ses images opulentes et de ses couleurs crues les tableaux qu'il nous trace : l'apogée ou la ruine d'une nation, le choc de deux armées ou de deux idées qui se heurtent, le royaume des ombres, les fantômes qu'engendrent le mal et la douleur, toutes les formes de la tristesse humaine. Les admirateurs les plus fanatiques ont prononcé le nom de Shakespeare à propos de ses drames les plus célèbres : *Mar y Cel*, *Gala Placidia*, *l'Anima morta*. Ils n'ont pas craint d'évoquer *la Divine Comédie* et *la Légende des Siècles* à propos de *l'Any Mil*. Son œuvre fut traduite et jouée en espagnol, avec un succès qui aurait été bien plus grand, si ce Catalan intransigeant n'avait manifesté d'une manière un peu brutale les sentiments qu'il nourrit pour ceux qui ne sont à ses yeux que des Espagnols !

C'est à eux maintenant que nous allons revenir.

Il y a dix-sept ans qu'est mort Nuñez de Arce, et pourtant ses vers semblent vibrer encore. C'est que, pour lui, la poésie doit « remuer les passions les plus intimes de l'âme, comme la charrue remue la terre, et s'enfoncer dans la chair et les entrailles d'un peuple et d'une époque ». Il a deux cultes qu'il révère presque également, la science et la foi : les accorder fut sa préoccupation constante dans un certain nombre de poèmes qui participent du lyrisme et de l'épopée, mais surtout dans ses *Gritos del Combate* et dans *La Visión de Fray Martin*, peinture de l'âme de Luther, que la présomption et l'orgueil conduisent au doute.

Echegaray a rempli de son nom les vingt-cinq dernières années du dix-neuvième siècle et les premières du vingtième. Il y a chez lui deux manières : des drames d'un romantisme échevelé (*La Esposa del Vengador, En el puño de la Espada*), des pièces à thèse (*Cómo empieza y cómo acaba, O locura o santidad, El Gran Galeoto*). Cette dernière pièce marque le point culminant de la carrière d'Echegaray et lui a valu les éloges les plus pompeux de ses compatriotes. L'idée est que la médisance donne aux fautes qu'elle invente une sorte de réalité. Teodora et Ernesto ont le malheur de lui donner prise ; quoique innocents, ils ne pourront empêcher qu'elle glisse son venin au cœur du mari de Teodora, don Julian. Teodora a beau protester : don Julian meurt dans l'horrible souffrance de douter de sa parole. L'influence de Dumas fils, de Sardou, de Zola même, est visible dans tout le théâtre d'Echegaray: mais cela n'enlève rien à sa puissance et à sa vérité. En 1904, Echegaray a eu l'honneur d'obtenir le prix Nobel pour la littérature « en considération de son œuvre géniale et étendue qui a ravivé, d'une manière indépendante et originale, les grandes traditions du théâtre espagnol ».

Perez Galdós, surtout connu comme romancier, s'est essayé au théâtre avec un succès tout d'abord médiocre, sans doute parce qu'il a prétendu s'écarter des sentiers battus, en faisant de la pièce de théâtre une sorte de nouvelle dialoguée. Par contre, son drame *Electra*, d'ailleurs puissant, a provoqué des applaudissements retentissants, auxquels n'ont pas été étrangères les préoccupations politiques et religieuses. L'art a tout à perdre à quitter les régions sereines où habite la beauté pour le tumulte des batailles et les querelles des partis.

Un usage adopté par la plupart des théâtres espagnols consiste à diviser la représentation en plusieurs *sections*, d'ordinaire trois ou quatre : le spectateur peut louer pour toutes les sections, mais aussi seulement pour certaines d'entre elles. Le *teatro por horas* est évidemment une combinaison que le spectateur trouve assez séduisante. Par contre, il n'est pas douteux qu'elle est médiocrement compatible avec une étude psychologique approfondie, qui demanderait un développement en plusieurs actes. Une pièce en un acte ne peut guère être autre chose que l'exposé d'un tableau de mœurs plus ou moins pittoresque ou une farce un peu superficielle. Un des auteurs favoris du public, dans le genre du *teatro por horas*, est Frontaura, très connu aussi par ses recueils de dialogues familiers et amusants, dont le plus célèbre est intitulé : *Las Tiendas*. A côté de Frontaura, citons encore Ramos Carrión, Vital Aza, Javier de Burgos, Miguel Echegaray, le frère du grand dramaturge (*Sin familia*, *La Credencial*), Linares Rivas (*El Caballero Lobo*, *Cobardías*), etc.

Jacinto Benavente est aussi un auteur fécond et amusant, qui cache volontiers le trait de la satire sous les guirlandes et les festons d'une intrigue légère et pimpante. Citons de lui, entre une infinité d'autres pièces : *Los Malhechores del bien* et *La Malquerida*.

Les frères Quintero sont au théâtre les peintres des mœurs contemporaines espagnoles. Nul ne les égale pour la richesse de la couleur et personne ne les surpasse pour la correction du langage. Ils respectent le public comme eux-mêmes. Ils savent voir et entendre comme personne au monde. Ils ont dit : « C'est ainsi que nous voyons la vie, et il est naturel que nous la reproduisions ainsi. »

Ils sont de Séville, où le moindre portefaix a de

l'esprit : qu'on s'imagine alors combien le leur pétille dans ces innombrables peintures de la vie sévillane, où revivent les habitudes, les tournures, la prononciation andalouses ; pour s'en convaincre, il suffit de lire : *Los Galeotes* ou *El Genio alegre*. Ils sont des peintres de mœurs tellement espagnoles qu'on ne peut confondre leur œuvre avec aucune œuvre étrangère. L'Académie s'est honorée en recevant récemment l'un des deux dans son sein.

Plus encore que le théâtre, le roman espagnol nous présente un groupe compact d'écrivains de valeur. Si l'on embrasse du regard la période qui s'étend sur ces cinquante dernières années, on n'est pas embarrassé pour trouver des œuvres qui resteront.

Alarcon, à côté d'un grand nombre de romans où une imagination trop désordonnée se donne peut-être trop libre carrière, a laissé beaucoup de nouvelles très vivantes, où l'on retrouve, peinte avec beaucoup de vérité, toute l'Espagne de jadis et toute celle de son temps. Son chef-d'œuvre est un court roman, *El Sombrero de Tres picos*, dont les épisodes se déroulent en Andalousie sous Charles IV. *El escándalo* est une peinture de la vie madrilène moderne, où la thèse tendancieuse commence d'ailleurs à se mêler à l'étude des mœurs. *El niño de la Bola*, *El Capitán Veneno* contiennent des descriptions fort attachantes.

Vers la même date qu'Alarcon, auquel il survécut d'ailleurs longtemps, Valera débutait dans le roman. Son premier, *Pepita Jimenez*, est sans doute son chef-d'œuvre, par la finesse de l'analyse d'une passion qui s'éveille et s'ignore tout d'abord, puis qui brûle et dévore, par la grâce du style d'une pureté et d'une douceur incomparables. Lui-même nous a raconté qu'il écrivit ce premier roman sans même se douter que c'en était un, à la suite de la lecture d'un grand nombre d'auteurs mystiques. Le héros, don Luis de Vargas, jeune homme riche, distingué et bien fait, se destine au service de Dieu. Mais, au cours d'un séjour dans sa famille, sa vocation s'ébranle peu à peu sous les objections de son père, les conseils de ses amis et surtout les regards d'une jeune veuve, aussi provocante pour lui qu'elle montra d'indifférence aux autres. Il se croyait au-dessus des misères de l'humanité et il constate avec effroi qu'elles ont commencé à le souiller. Son mysticisme fond peu à peu comme la neige à la flamme brûlante des yeux de Pepita. Il lutte, mais en vain. Pepita sera la plus forte. Valera a repris sensiblement le même sujet dans *Doña Luz*, où la peinture de l'amour est peut-être plus vive et l'amour lui-même plus coupable, puisque les protagonistes ne sont plus un futur prêtre et une jeune veuve, mais une femme mariée et un religieux. Parmi les autres romans de Valera, mentionnons encore *El Comendador Mendoza*, *Pasarse de listo*, qui contiennent aussi de belles parties.

Nous avons déjà parlé, dans un chapitre précédent, du livre du P. Coloma, Jésuite, intitulé : *Pequeñeces*. Peu d'œuvres firent autant de bruit que ce roman, paru il y a une trentaine d'années ; nous avons dit ce que nous pensions de ce pamphlet attaqué avec rage par les uns et porté aux nues par les autres. On ne saurait toutefois dénier au P. Coloma un sens assez vif du dialogue et une certaine force dans la peinture des caractères, en particulier de Sabadell, mauvais époux aux mœurs suspectes et politicien vénal ; de sa maîtresse, Currita Albornoz, épouse infidèle et reine de la mode, du marquis de Villamelon, son aveugle mari.

Les qualités essentielles de Pereda sont un don de l'émotion, très rare à ce degré, et un amour du terroir qui le fait se cantonner presque uniquement dans la peinture de sa chère province de Santander. Ce sont les pêcheurs de Santander qu'il fait revivre avec une réalité saisissante, avec leurs gestes, leurs manies, leur langage, dans *Sotileza*, la majestueuse grandeur du paysan et du montagnard dans *El Sabor de la tierruca*, *El Buey suelto*, *D. Gonzalo Gonzalez de la Gonzalera*, *Peñas arriba*. Le chant grave et douloureux de la terre, le mugissement éternel de l'océan, telle est la double harmonie dont on retrouve chez lui l'écho puissant. Mais, royaliste et catholique, il ne s'interdit pas de superposer à ses peintures d'une exactitude si consciencieuse dans les moindres détails une thèse morale qu'il soutient avec une conviction persuasive. Pereda est peu connu en dehors de l'Espagne, parce qu'il eut horreur de la réclame et que ses peintures très particularistes ne peuvent guère être goûtées

MADRID — Le Rastro.

si l'on ne connaît le modèle original qu'il reproduit. Mais plus encore peut-être que le délicat psychologue Valera, le tendre et virgilien Pereda est digne du privilège suprême que peut mériter un écrivain : celui de faire vibrer le cœur des hommes au delà des frontières de sa patrie.

Le contraste est absolu entre Pereda et Perez Galdós, son adversaire, son rival, et d'ailleurs son ami. L'œuvre de Perez Galdós donne dès l'abord une grande impression de puissance. Elle fait songer à Balzac, à la George Sand des romans à thèse, à Zola. Pereda voyait dans la religion le seul remède à tous les maux dont souffre l'Espagne : Galdós n'attend d'autre Messie que la science. Chez Pereda, les impies sont de vilains personnages ; chez Galdós, ils sont revêtus de toutes les qualités physiques et morales, qui exerceront sur leurs fiancées un assez grand empire pour qu'ils les arrachent aux noirs obscurantistes! C'est ce que l'on constate dans *Doña Perfecta*, dans *Gloria*. Dans ce dernier roman, l'intérêt réside dans le heurt tragique des convictions catholiques de Gloria et de l'amour qu'elle éprouve pour le protestant Daniel Morton, qu'un drame de la mer a jeté sur la côte d'Espagne. *Marianela*, par contre, est une étude fine et délicate d'une figure de femme. Cette jeune fille, née dans la misère et dont le corps disgracié abrite des trésors d'intelligence et de cœur, vient à aimer comme elle sait aimer un jeune aveugle, dont elle se constitue la gardienne et le soutien. Celui-ci brûle de recouvrer la vue pour admirer celle qu'il imagine la plus belle des femmes, d'après la beauté de son âme ; l'art du médecin accomplit ce miracle ; mais une cousine du jeune aveugle, qui l'aime de son côté, n'a point de peine à triompher de Marianela. *La Familia de Leon Roch* est une sorte de réplique de *Gloria* : c'est l'histoire d'un conflit moral entre deux époux, dont le mari nous est présenté comme un libre penseur vertueux et sympathique et la femme comme une catholique fervente. Plus tard, l'anticléricalisme de Galdós se teinta, sous l'influence de Tolstoï, de spiritualisme évangélique, dans *Angel Guerra* ou dans *Nazarín*. Dans le premier de ces romans, Angel Guerra, un révolutionnaire farouche, vient à perdre sa mère et sa petite fille ; il s'éprend alors de Leré, l'institutrice de cette dernière, qui repousse sa proposition de mariage et entre au couvent ; peu à peu, Angel se sent repris par les souvenirs séculaires, par les pompes liturgiques et par l'attrait mystique de Leré, il veut se faire clerc et fonde une œuvre de bienfaisance, mais deux de ses protégés le dévalisent et l'assassinent dans un guet-apens nocturne. Quant à *Nazarín*, c'est un curieux portrait de prêtre de campagne qui pratique dans toute sa plénitude la charité évangélique, mais à qui il manque beaucoup d'autres vertus pour être, non pas le saint que le romancier se figure, mais seulement le prêtre parfait. Galdós, qui a introduit en Espagne le roman naturaliste, a fortement subi, on le voit par ces exemples, l'influence étrangère. Pourtant, on le retrouve profondément et sincèrement espagnol dans la longue et admirable série de ses *Episodios nacionales* : ces nouvelles forment une véritable histoire de l'Espagne depuis la fin du dix-huitième siècle; les plus célèbres ont trait aux campagnes de Napoléon. Galdós est mort il y a quelques mois à peine, âgé de près de soixante-quinze ans, et c'est par le vide que sa disparition a causé que l'on peut constater la place qu'il occupe dans les lettres espagnoles. Peu de temps avant sa mort, il a assisté, déjà aveugle, à l'inauguration de la statue que ses admirateurs, impatients, ne voulaient pas tarder davantage à lui élever : le marbre n'en est ni plus solide ni plus durable que celui où il a taillé ses écrits.

Mme Pardo Bazán, à qui sa variété d'aptitudes et un labeur acharné ont permis d'écrire un grand nombre de volumes de critique, de voyages, de romans, et même de diriger seule une revue littéraire, est une sorte de George Sand. Née en Galice, comme Pereda, volontiers, comme lui, elle peint sa province : mais elle nous transporte aussi dans différents milieux de Madrid, de toute l'Espagne, de l'étranger. Elle veut se tenir dans le réalisme, qu'elle considère comme également éloigné des excès de l'école naturaliste, et de ceux de l'idéalisme. Son œuvre, aussi prônée par les uns qu'elle est battue en brèche par d'autres, est incontestablement puissante et plaît par l'accent de la vérité. Ce sont les mérites par lesquels se recommandent : *Un viaje de novios*, qui se passe à Vichy ; *La Tribuna*, étude d'un milieu populaire ; *los Pazos de Ulloa*, portrait de l'héritier dégénéré d'une noble souche, chez lequel les vertus ancestrales achèvent de s'éteindre, comme les murs de son château achèvent de s'écrouler ; *La Madre naturaleza*, enfin, peinture d'un amour incestueux, où la beauté de la forme est incomparable.

C'est aussi un réaliste que Palacio Valdès, l'auteur de *Marta y Maria*, qui représente la lutte entre l'idéalisme de la vertu et les nécessités de la vie pratique, entre la virginité religieuse et l'amour humain, personnifiés dans les deux héroïnes, desquelles « Marthe a choisi la meilleure part ». Toujours préoccupé, semble-t-il, de tenir la balance égale entre le naturalisme et le réalisme, il donna ensuite *El Idilio de un enfermo* et *José*, l'un, tableau d'amour, l'autre, description d'une âme de pêcheur galicien. *La Hermana de San Sulpicio*, où l'élément mystique aurait dû être plus accentué pour donner à l'œuvre toute sa valeur, est incomparable par la reproduction enflammée des impressions produites sur l'œil d'un Asturien par la splendeur des paysages de l'Andalousie, où se déroulent les amours d'un poète de Galice avec une Sévillane. L'ensorcelante cité qui s'étend sur les bords du Guadalquivir, baignée d'or par le soleil, vibrante des harmonies amoureuses de la guitare, les longues causeries de la *reja*, la douceur des soirs dans la fraîcheur du *patio*, l'enchantement

des nuits, la légèreté du Sévillan, tout cela est presti-
gieusement rendu par le pinceau de Palacio Valdès.
De bons juges considèrent ce roman comme son chef-
d'œuvre et déplorent qu'il ait cru devoir aller chercher, dans un domaine moins espagnol et pour plaire
à un public plus international, des thèmes plus
humains, mais infiniment moins pittoresques. Parmi
les toutes dernières productions de Palacio Valdès, il
convient enfin de citer *Los Papeles del Doctor Angélico*
et *Los Años de juventud del Doctor Angélico*.

Picón nous offre le spectacle d'un polémiste de
talent qui perce sous le romancier. Son œuvre n'est
guère qu'un hymne à l'amour, libre de toute entrave,
et une satire contre les institutions qui cherchent à
réprimer les fureurs de l'instinct. Ses personnages
préférés sont des ecclésiastiques, qu'il plaint ou qu'il
attaque et chez lesquels il voit l'antithèse de son
idéal, et des femmes perdues qu'il considère comme
des victimes. Il idéalise les enfants de la chair, il
prend la défense de l'adultère, par lequel la femme
« s'affranchit de son tyran » ; il blanchit à neuf toutes
les Marion Delorme, toutes les Dames aux Camélias
réhabilitées par l'amour. Telles sont les tendances
que l'on retrouve, par exemple, dans *La Honrada* ou
dans *Dulce y Sabrosa*.

Pio Baroja, autre romancier favori du public espagnol, est l'auteur de *Mala Hierba*, de *Aurora Roja*, de
La Ciudad de la Niebla, une peinture en grisaille où il
évoque dans les brouillards et les fumées de Londres

les idées non moins fuligineuses d'un groupe d'anarchistes espagnols réfugiés sur les bords de la Tamise.

Valle Inclán, dont la prose très curieusement travaillée décèle qu'il est aussi un poète et fait songer à l'art patient de l'orfèvre ciselant sa matière, a composé, entre autres œuvres, quatre *Sonatas* (*de primavera, de estío, de otoño, de invierno*), qui sont comme la symphonie des quatre saisons, et dont la première surtout est un ouvrage de valeur. Un autre roman, *Flor de Santidad*, a aussi de nombreux admirateurs.

A côté de ces maîtres, dans ces dernières années, deux jeunes romanciers ont réussi à se faire un nom : Ricardo León (*Casta de hidalgos, El Amor de los Amores*), et Gutierrez Gamero (*Sitilla, La Piedra de toque*).

Mais le maître incontesté du roman espagnol actuel est Blasco Ibáñez. On l'a souvent comparé à Zola. Si, par là, on entend seulement l'accent de la vérité qui respire et palpite dans les descriptions, un certain goût pour les luttes politiques ou encore la sympathie qui se penche avec compassion sur les humbles, la comparaison n'est pas sans justesse. Mais il n'a du romancier français, ni les trivialités rebutantes, ni les obscénités qui écœurent, ni l'érudition trop récente et trop facile, ni l'abondance pesante. Le soleil de cette Valence qui fut son berceau dore les tableaux éclatants où il rend, avec tant de filial amour, les plaines fertiles de sa province et les façades pittoresques des vieilles rues de sa cité. Partout, dans ces descriptions, une surabondance de vie luxuriante, qui évoque l'idée des végétations tropicales, de ces forêts du Nouveau-Monde, comme celles que, précisément, le maître possède en Amérique, et dont les arbres géants, baignés de lumière, débordant de puissance et de sève, semblent le symbole de son splendide talent. Sa première manière est surtout la vision de Valence et de ses environs : c'est *Arroz y Tartana*, *Flor de Mayo*, *La Barraca*, histoire de l'infortuné Batiste que la jalousie des villageois poursuit et accule au meurtre, *Entre Naranjos*, *Cañas y Barro*. Une autre série est inspirée par la polémique : c'est *la Catedral*, *El Intruso*, *La Bodega*, *Là Horda*. On voudrait pouvoir analyser longuement ces œuvres si fortes et dans lesquelles l'auteur parle en homme devant des hommes, leur répétant les fortes leçons qui commencent à faire germer dans les générations nouvelles des êtres conscients de leurs devoirs et de leurs droits, dignes de celui qui représente avec tant d'intrépidité aux Cortès la population valencienne. Enfin, parmi ses plus récents romans, combien il est regrettable de ne pouvoir citer que la *Maja desnuda*, cette douloureuse histoire de passion, peinture d'une âme d'artiste qui est en même temps une œuvre de critique d'art, *Sangre y Arena*, tableau étincelant de couleur du monde des toreros, *Los Cuatro Jinetes del Apocalipsis*, *Mare nostrum* ; enfin, le tout récent ouvrage intitulé : *Los Enemigos de la mujer*. Ces trois derniers ouvrages ont été écrits pendant la guerre, et la France et ses alliés ne pouvaient pas rêver une propagande plus efficace pour servir leur cause. *Los Cuatro Jinetes del Apocalipsis* ont eu aux États-Unis un succès tel que seul celui de *la Case de l'oncle Tom* peut lui être comparé. Il s'en est vendu plus d'un million et demi d'exemplaires. Plusieurs de ces œuvres furent traduites dans notre langue, et ces traductions, d'ailleurs très belles, permettent à un lecteur français de placer Ibáñez au rang qu'il mérite, c'est-à-dire au premier.

On ne saurait sans injustice passer sous silence les maîtres de la critique et de l'histoire littéraire. Leur mérite est d'autant plus grand qu'ils n'ont pas eu de devanciers. Tout était à créer, et la méthode elle-même. Le nom le plus glorieux est celui de Menéndez y Pelayo, auteur d'un grand nombre d'éditions de textes critiques (en particulier de Romances et de Lope de Vega), d'articles et d'études sur les hétéro-doxes espagnols, sur Calderón, sur les idées esthé-tiques en Espagne, sur les origines du roman. Toutes ces études, sans compter d'innombrables articles et préfaces, forment un tout dont l'ensemble constitue un monument presque complet de l'histoire de la lit-térature espagnole, en tout cas, un très grand nombre de chapitres d'une histoire de ce genre. Son érudition n'a d'égale que sa probité littéraire. Auprès de lui se groupent un certain nombre de savants : Cuervo, un Colombien, avait entrepris un magnifique diction-naire, resté malheureusement interrompu ; Menéndez Pidal s'est distingué surtout par des travaux sur le moyen âge ; Cotarelo par des études sur le dix-huitième siècle ; Peréz Pastor par des recherches sur Cervantes, Lope de Vega et Calderón ; Unamuno par des Commentaires sur *Don Quichotte* ; Bonilla San Martin, enfin, par plusieurs monographies et la création d'une intéressante revue, les *Anales literarios*, d'un caractère tout à fait unique en Espagne.

Pour que le lecteur ait une idée exacte du mouvement intellectuel en Espagne, il convient d'ajouter à ce tableau des lettres espagnoles quelques notions sur l'instruction publique.

On distingue dix sections universitaires : Madrid, Santiago, Oviedo, Valladolid, Salamanque, Saragosse, Barcelone, Valence, Grenade et Séville. A la tête de chaque section est un recteur, assisté d'un conseil universitaire et de l'assemblée des professeurs, qui forment le *claustro* (cloître).

Il y a trois ordres d'enseignement.

L'enseignement supérieur est donné dans les facultés, qui comprennent, presque toutes, les lettres et philosophie, les sciences, le droit, la médecine et la pharmacie. Chaque faculté est dirigée par un doyen. La principale est celle de Madrid : elle compte plusieurs milliers d'étudiants, dont la moitié au moins pour le droit et le quart pour la médecine. Dans la plupart des facultés espagnoles, les étudiants sont souvent extrêmement jeunes. Ils forment fréquemment des sociétés musicales, nommées *estudiantinas*, et parcourent les rues à certains jours de fête avec leur bicorne orné d'une cuiller de bois, en jouant de la guitare.

L'enseignement secondaire est donné dans les établissements de l'État, qui portent le nom d'*Institutos*, et dans les collèges libres, nommés *Colegios*. Les *institutos* n'admettent pas d'internes, mais la plupart des établissements libres, au contraire, en reçoivent. Les élèves qui suivent régulièrement tous les cours sont les élèves *officiels*; il y a aussi des élèves *libres* qui n'assistent qu'à certaines classes et travaillent chez eux. D'ordinaire, dans les établissements d'instruction, les élèves font peu de devoirs et ont surtout des leçons à réciter et des interrogations à subir. Le proviseur porte le nom de *Director* et les professeurs celui de *catedrático por oposición*. Les deux *institutos* les plus renommés sont ceux du cardinal Cisneros et de San Isidro, à Madrid. Les matières qu'on y enseigne sont : l'espagnol, les langues, le latin, l'histoire et la géographie, la psychologie, la logique, l'éthique, le droit, les mathématiques, la physique et la chimie, l'histoire naturelle et l'hygiène, l'agriculture et le dessin.

Les grandes vacances durent trois mois ; il y a aussi des congés à Noël et à Pâques. La rentrée des grandes vacances donne lieu à une fête, et c'est souvent à cette date, plutôt qu'à la fin de l'année scolaire, qu'a lieu la distribution des prix. Il faut compter cinq ou six ans pour obtenir le grade de bachelier. Mais les examens du baccalauréat ne se passent pas, comme en France, en une seule fois. Chaque année, depuis l'âge de onze ou douze ans, les élèves subissent une épreuve sur une ou plusieurs matières et, à la fin de leurs études, une épreuve générale de lettres et de sciences. Les épreuves sont surtout orales : elles ont d'ordinaire une durée de dix minutes et roulent sur trois questions, tirées au sort, sur chaque matière.

Tout élève doit passer ses examens à *l'Instituto* de la section universitaire à laquelle il appartient. S'il est refusé en juin, il peut se présenter à nouveau en septembre, sans avoir à payer de nouveaux frais d'inscription. Les notes ne sont pas exprimées en chiffres, mais en appréciations dites *calificaciones*, à savoir : *sobresaliente (con o sin opción a matrícula de honor), notable, aprobado, suspenso.*

L'enseignement primaire est distribué dans vingt-cinq mille écoles publiques, auxquelles il faut ajouter celles de très nombreux frères des Écoles chrétiennes, les *Escolapios*. L'instituteur public sort d'une école normale. Il est peu payé et, trop souvent, obligé de se livrer pour vivre à un autre métier qu'il cumule avec ses fonctions. L'instruction publique est gratuite et, en principe, obligatoire ; malheureusement, trop nombreux sont les enfants qui, avec ou sans la complicité de leurs parents, se dérobent à cette obligation pour faire l'école buissonnière : ce qui s'appelle en espagnol *hacer novillos*, c'est-à-dire jouer à la course de taureaux.

L'Espagne aura fait un pas de géant dans la voie du progrès le jour où la totalité du peuple aura compris les bienfaits d'une instruction sage et raisonnée.

CHAPITRE XV

Quelques artistes contemporains

Il semblerait qu'un trésor de gloire artistique tel que l'Espagne en possède eût dû tarir l'effort créateur de ceux qui naquirent après les Ribera, les Zurbarán, les Velásquez. Pourtant après eux se mit à briller cet astre : Murillo, et cent ans après naissait le prodigieux Goya. Cela explique la floraison toujours croissante des artistes à la recherche d'une forme nouvelle de la beauté, et c'est aussi la preuve que le génie de la nation espagnole pour la peinture ne s'épuisera pas. La perfection des grands ancêtres ne décourage pas leurs fils ; au contraire, la fréquentation des chefs-d'œuvre nationaux leur donne cette sainte émulation, ce besoin, sinon de surpasser, du moins d'égaler ceux qui ont été effleurés par l'aile du génie ; et cette recherche patiente fait jaillir dans un élève de Herrera le Vieux l'immortelle étincelle créatrice, et c'est un Velásquez qui se lève, étoile unique au firmament des arts. Tout a été dit sur ces maîtres, sur ce Ribera d'abord dont la connaissance et l'art du dessin sont inégalés, et qui peut tour à tour vous faire frissonner par la profondeur tragique de son inspiration et vous épanouir l'âme par le charme d'une composition délicate comme son Adoration des Bergers, un des joyaux du musée du Louvre. Quant à Velásquez, ce roi des rois, il est si bien, lui, le dieu inégalé que les plus profanes sont conquis par ses toiles et vont à elles comme l'enfant vers la lumière. Qu'il s'inspire de la mythologie et trace des images robustes d'un Mercure ou d'un Vulcain, ou qu'il s'attaque aux portraits de ces rejetons maladifs d'une race mourante, il donne une vision merveilleuse qui ne trahit jamais sa pensée.

Ecrire le nom de Murillo, c'est évoquer ces longues théories de vierges qui, depuis les primitifs, ne donnaient plus cette impression de vision surnaturelle rendue de façon si intense par l'Angelico. Murillo, lui, retrouve le secret d'illuminer un visage féminin, de le baigner d'une clarté vaporeuse qui l'idéalise et le fait tout proche du ciel. Et son talent varié lui permet de saisir avec la même vérité les scènes réalistes de sa ville natale, de cette Séville féconde en petits vagabonds qu'il immortalise d'un coup de son pinceau génial.

Plus près de nous, Goya, lui, a fixé la vie elle-même. De la nature qu'il adorait, il avait appris la sincérité, et, sans concessions, il la pratiquait, quoiqu'il pût en coûter à ses modèles et sans se soucier de leur rang social. Aussi, après avoir vu le portrait de la sœur de Charles IV et celui de Maria Luisa, peut-on, sans arrière-pensée, s'abandonner au charme de ses *majas*, certain que pour les unes, si peu séduisantes, comme pour les autres, pires que belles, il a peint selon la vérité. C'est dans le même esprit qu'il trace ses eaux-fortes connues sous le nom de *caprichos* et qui caractérisent son esprit frondeur et son sens du tragique. C'est toujours dans le même souci de sincérité qu'après avoir rendu à merveille dans sa *Promenade en Andalousie*, dans ses *Lavandières* et le *Jeu de Paume*, la douceur de vivre connue par l'Espagne sous les règnes de Charles III et de Charles IV, il se consacre ensuite à reproduire les images sanglantes qui le frappent depuis l'émeute d'Aranjuez jusqu'à la fin de 1814, et lui inspirent ces toiles où passe le sombre héroïsme de l'âme épique espagnole et qui s'intitulent : la *Charge des Mamelucks*, le *Dos de Mayo*, les *Fusillades sur la montagne del Príncipe*.

En 1828 meurt Goya, et, après la période troublée qui suit l'avènement d'Isabelle II, se produit, sans doute causé par le romantisme français, un réveil du génie national. C'est l'ère des toiles historiques, travail de reconstitution minutieuse comme dans le *Testament d'Isabelle la Catholique* par Rosales ou cette *Jeanne la Folle* par Pradilla, si inquiétante sous la lueur des torches.

La peinture anecdotique et le paysage se développent, eux aussi, avec plus ou moins de bonheur. Les artistes vont à Rome étudier les compositions d'Overback ou bien ils fréquentent à Paris les ateliers de Meissonier, de Delacroix ou d'Ary Scheffer. C'est alors que Madrazo se livre au portrait avec succès, et que Fortuny, mort prématurément en 1874, se consacre à la représentation de la vie moderne ; il possède un sentiment de l'harmonie des couleurs qui atteint tout son développement dans le *Bibliophile*, l'*Antiquaire*, la *Fantasia* ; malheureusement son chef-d'œuvre, la *Bataille de Tétouan*, qui orne l'hôtel municipal de Barcelone, est resté inachevé.

Même sens du coloris chez Ulpiano Checa qui a réalisé tous les espoirs que pouvait faire naître l'étude de son œuvre si vivante : l'*Invasion des barbares*.

Il semble maintenant que l'école espagnole se sente moins attirée par les reconstitutions historiques ; les sujets modernes et un peu réalistes retiennent les peintres modernes, ils comprennent quel parti ils peuvent tirer de leurs types nationaux, des costumes, des scènes de couleur locale, ils regardent autour d'eux et ils s'aperçoivent qu'il n'est pas besoin d'aller chercher l'inspiration dans de vieux grimoires du temps jadis. Et Teisidor peint sa *Plaza del Palacio* ; Alvarez Sala, sa *Scène d'émeute à Barcelone* et A. Fabrés l'*Esclave marocaine*.

Joaquin Sorolla donne ses beaux portraits si lumineux, et Zuloaga, dont la vogue grandit toujours, est définitivement sacré grand artiste. Sa gloire ne l'empêche pas de recevoir, avec la plus grande simplicité, dans sa curieuse maison de Zumaya, tous ceux qui

Monsieur Blasco Ibáñez.

ont un nom dans la science, la musique, la littérature et l'art. En art, il sait donner de la grâce aux choses les plus insignifiantes.

Les diverses expositions qui se sont succédé pendant ces dernières années en Espagne prouvent d'ailleurs, une fois de plus, avec quelle ferveur les adeptes de l'art communient dans son culte. Certes, ceux qui tiennent le flambeau ne sont pas encore parvenus à leur forme définitive, mais ils autorisent tous les espoirs. Qu'ils s'appellent : Ramón et Valentin Zubiaurre ou Federico Madrazo, ils prouvent qu'ils savent faire vibrer les couleurs tout en restant dans une juste note d'élégance. Et quelle âme chante dans les œuvres de Gómez Alarcón, et comme on sent un sentiment profond de l'analyse, chez Eduardo Chicharro ! Quant à cet élève de Zorolla, Federico Beltrán, il a été défini le peintre coloriste des voluptés humaines. Tous, les Eugenio Hermoso, Domingo Marqués ou Carlos Vasquez démontrent que l'école espagnole ne se contente pas d'être brillante et chatoyante, mais qu'elle cherche aussi à émouvoir, aussi bien par le fini de l'exécution que par la recherche de l'idée.

Et, si quelques critiques peuvent insinuer que, dans cette renaissance en peinture, il y a autant d'écoles ou, pour le moins, autant de tendances et de procédés qu'il y a d'exécutants, il faut remarquer cependant combien toujours se retrouvent dans des œuvres si diverses l'esprit et le caractère de la race, cette race si traditionaliste, mais exaltée aussi, comme toutes celles qui respirent sous le ciel méditerranéen.

Il faudrait être le prestigieux peintre et critique d'art qu'est M. de Beruete, le distingué directeur du musée du Prado, pour distribuer comme il convient les éloges aux maîtres espagnols actuels. C'est dans ses livres, dans ses articles que les amateurs d'art devront chercher des indications précieuses; il les guidera avec une maîtrise digne des hautes fonctions qu'il occupe, et qui ont fait connaître ce nom de Beruete, déjà illustré par son père, le paysagiste réputé, non seulement dans son pays, mais aussi au delà des Pyrénées.

Et si les artistes sont nombreux en Espagne, le goût artistique est infiniment répandu; il ne faut pas omettre de citer ce fait éloquent, c'est qu'au musée du Prado, par exemple, les jours d'entrée publique, le nombre des visiteurs s'élève souvent à plus de deux mille.

Le peuple madrilène est digne de ceux qui se consacrent à l'ennoblir.

A quelque époque qu'on l'observe, l'école de sculpture s'apparente surtout aux Italiens et aux Français ; chez les premiers, les artistes espagnols allaient, en général, terminer leurs études, et, avec les seconds, ils avaient des affinités qui les poussaient à s'inspirer des mêmes maîtres. Pourtant, plus longtemps que les Français, les sculpteurs espagnols se laissèrent influencer par l'émotion religieuse et restèrent fidèles à la statuaire peinte, trait caractéristique de leur génie, car tout en fouillant le marbre blanc et en créant des œuvres durables, ils ne délaissaient ni le bois, ni la polychromie, pensant, comme les Grecs, que la couleur, bien loin de nuire à la forme, en rehaussait souvent la perfection. Et dans la seconde moitié du dix-neuvième siècle, nombreux sont encore les sculpteurs qui rehaussaient d'or ou de couleur leurs œuvres, ainsi Samsó et Coullant Valera dont les statues polychromes sont d'un rare mérite et rappellent la façon de Berruguete, le grand artiste du seizième siècle qui excellait, non seulement à donner à la ligne une correction et une pureté nobles et expressives, mais encore, tout en abordant avec hardiesse les nus, à opposer à la tonalité chaude des chairs l'or bruni des draperies. C'est dans la même manière que le moderne Mélida a traité le « Tombeau de Christophe Colomb », dans la cathédrale de Séville, œuvre originale, à la fois par la magie de la couleur et la beauté de la forme, où s'oppose la blancheur du socle, pierre blanche polie de 1 m. 5o environ, et l'or, l'argent et le bronze diversement patinés des personnages supportant le cercueil. Tout récemment encore, c'est dans la manière de ces artistes que Higueras a cherché l'inspiration pour son « Saint Jean de Dieu en bois sculpté. »

Ils sont nombreux, les sculpteurs qui, dans une période d'une cinquantaine d'années, ont laissé des œuvres durables ; parmi eux brillent : Manuel Oms dont le monument « d'Isabelle la catholique » s'élève à Madrid ; le Catalan Gerónimo Suñol, auteur de la statue de « Christophe Colomb » qui s'érige sur la Plaza de Colón à Madrid ; le statuaire Benlliure, et Ricardo Bellver avec son « Tombeau du Cardinal Juan Martínez Siliceo », et Eduardo Barrón et Justo Gandarias.

Parmi les jeunes, deux maîtres : l'un, Mateo Inurria, poète de la forme ; l'autre, José Clara, chez qui l'idée s'exprime en lignes vigoureuses. Né à Olot, en Catalogne, il y a quelque quarante ans, c'est un disciple de Rodin, dont les œuvres, comme celles du maître, vous forcent au recueillement. Qui pourrait passer sans s'arrêter devant sa « Sérénité », cette émouvante figure de femme au visage si grave et si rêveur à la fois qui dénote un talent si puissant et qui fait un si digne pendant à « la Déesse » qui valut à son auteur la médaille d'honneur à Madrid ?

Personnels, ces artistes traduisent leurs émotions dans une forme neuve ; on les sent tourmentés du besoin d'émouvoir par la reproduction fidèle de la beauté, car ils sentent que c'est à eux qu'incombe la mission de faire éprouver les joies les plus complètes, en même temps que l'âme de leur pays sera mieux comprise.

En architecture, au dix-neuvième siècle, commença en Espagne, comme dans toute l'Europe, l'ère des pastiches ; pendant longtemps, malgré ses contacts avec la France et l'Italie, elle avait su garder sa personnalité, ces caractéristiques du platéresque avec ses

courbes et ses contre-courbes brisées, ses accolades
d'origine musulmane, ses fûts de colonne tournés en
balustres, cannelés et torses, tantôt lisses, tantôt ornés
de sculptures aux balustrades ajourées, et ses arcades
et ses tourelles avec les fenêtres d'angle et les somp-
tueuses grilles scellées devant les baies des étages
inférieurs d'un si savoureux caractère et qui font tout
le charme de la « Casa de los Cubos », à Burgos, ou
celle « de los Picos » à Ségovie. Plus rien de tout
cela dans les édifices modernes ; certes, pour la plupart, ils sont tout à l'honneur des architectes contem-
porains, mais ils n'ont rien de véritablement national,
exception faite pourtant de la « Plaza de toros » de
Madrid. Monuments publics, constructions privées
sont, en général, luxueux et de bon goût, mais sans caractéristique ; seuls les grands balcons vitrés appelés
« miradores », qui ornent les façades des immeubles,
peuvent rappeler aux voyageurs dans certains quartiers
neufs de Madrid, de Saragosse, de Valladolid et de
Barcelone qu'ils ont traversé les Pyrénées.

De style roman, en général, toutes les églises nouvelles de Madrid, qu'elles s'appellent « Panteón de
hombres ilustres » ou « Nuestra Señora de la Almu-
dena ».

Quant aux autres édifices, ils sont parfois d'inspiration romane comme le Palais du Congrès, ou dans
le style de la Renaissance comme la Bourse du commerce, qui est l'œuvre de Enrique María Repulles y
Vargas. Somptueuse est la Banque d'Espagne, orgueil

des Madrilènes, mais ses auteurs, Eduardo de Adaro et Severiano Sainz de la Lastra, auraient pu tout aussi bien l'édifier dans quelque avenue new-yorkaise ou à l'angle d'un boulevard parisien, car elle est avant tout moderne, mais sans aucun style qui la différencie de ses sœurs en richesse élégante. Même absence d'originalité dans la Bibliothèque nationale, qui réalise cependant, au point de vue technique, la perfection, avec ses rayonnages et ses planchers de fer, et son éclairage si bien compris.

Un Catalan, Antonio Gandi, a cependant le mérite d'avoir patiemment cherché des formules originales ; son talent personnel, étrange, s'est condensé avec bonheur dans certaines œuvres, comme cette église de la « Sagrada Familia » à Barcelone, qui dénote, en même temps qu'une conscience pleine de scrupules, une étonnante maîtrise. L'inspiration est gothique, mais il a trouvé pour certains détails d'heureux motifs. Dans une porte qui symbolise la création, il a, pour rendre l'impression du chaos, suspendu des stalactites et imité jusqu'à ces filaments de glace dans lesquels joue un monde de statues, d'oiseaux et d'animaux étranges.

Même audace dans sa construction du parc Güell avec ses mosaïques de faïence, faite avec des fragments de carreaux brisés.

Les imitateurs de Gandi, Enrique Sagnier y Villavechia, Artigas, José Puig y Cadafalch, Luis Domenech y Montaner, s'essayent à trouver des harmonies inédites parfois excessives, mais toujours intéressantes, et c'est ainsi que l'on peut admirer à Barcelone, le Palais de Justice et la décoration intérieure du Musée des Beaux-Arts et certaines maisons du Paseo de San Juan ou du Paseo de Gracia délicieusement neuves.

Il faut souhaiter que la voie où s'engagent ces artistes soit suivie ; sans doute seront-ils critiqués, car ce n'est pas sans tâtonnements et sans fautes qu'ils arriveront à réaliser des formules originales, mais l'Espagne de l'Evangile et l'Espagne du Coran qui ont fourni les germes de l'architecture romane et de l'architecture gothique peuvent, sans aucun doute, fournir, après d'adroites recherches, des fruits savoureux et inconnus qui contribueront à la gloire et au renouveau artistique du pays.

CHAPITRE XVI

La Musique. — La Jeune Ecole

Il en est des peuples trop riches comme des femmes trop belles : parce que toutes les perfections leur sont acquises, on néglige souvent de les louer en détail et l'on oublie même parfois de célébrer toutes leurs qualités, elles sont trop! Ainsi, l'on chante le ciel de l'Espagne, son climat, ses provinces, on étudie minutieusement ses souvenirs; on exalte ses héros, ses artistes, on les connaît, on cite leurs noms, mais quand il s'agit de la musique, c'est à peine si quelques initiés émettent une opinion, la masse du public avoue son ignorance et dit : « Ah! oui, la musique espagnole... les castagnettes et le tambour de basque... c'est amusant!... » Et, bien vite, on parle de César Franck ou de Borodine pour prouver que l'on n'a rien d'un Philistin.

Pourtant, sans avoir étudié de très près l'art musical en Espagne, il serait aisé de deviner son existence à travers l'âme espagnole, qui, si caractéristique, si indépendante, devait s'extérioriser avec le plus rare bonheur dans l'art le plus propre à la faire valoir.

Pourquoi tant de musiciens de valeur ont-ils été ainsi laissés dans l'oubli dans la suite des siècles? C'est un fait étrange. Certes, il en fut de populaires, mais leur renommée ne concurrença jamais celle d'un Bach, d'un Gluck, d'un Mozart.

Le monde entier célèbre un Palestrina, et combien sont rares ceux qui savent que Morales l'avait certainement inspiré, alors que dans sa jeunesse il chantait les belles œuvres du compositeur sévillan, qui, par l'élévation du sentiment, la richesse sévère de la forme et de l'invention ne le cédait en rien aux plus nobles artistes de cette époque et les dépassait peut-être par l'expression et la couleur.

Dès les premiers siècles, la musique fut en honneur en Espagne; sous le patronage des Califes, elle se développa plus intensément.

Dans les écoles supérieures, les *medrasas* de Tolède, de Cordoue, de Séville, l'enseignement de la musique était établi. Dans cette dernière ville, surtout, elle jouissait d'une particulière faveur. Il ne faut pas nier que la musique arabe influa sur la musique espagnole, mais cette dernière aussi réagit sur le développement musical du peuple arabe, les trouvères étant partout reçus sur le même pied que les *Rawies* arabes, ces derniers s'imprégnaient presque malgré eux de la culture latine. C'est à cette fusion, à ces influences réciproques que l'on doit sans doute l'originalité des premiers *Romances* qui répondent si bien au goût populaire et dont la tradition rapporte qu'on doit le premier modèle à la célèbre chanson : *A un palmier* que composa l'émir de Cordoue, Abder-Rhamann Ier. Ces compositions étaient chantées soit par une seule voix, soit par un chœur; elles sont pour l'art espagnol un inépuisable trésor.

Il n'est pas possible, dans un si court exposé, de s'attarder aux premiers essais de musique sacrée ni au théâtre liturgique dont le « Chant de la Sibylle », qui se disait pendant la veillée de la Nativité, était une des manifestations les plus caractéristiques. On ne peut citer non plus tous ceux qui s'occupèrent de musique, jusqu'à cet Alphonse X, ce savant roi qui prouvait que son intelligence extraordinaire n'était rebutée par aucune science et qui a composé de ravissants cantiques en l'honneur de la Vierge, petites merveilles de grâce et de charme. Mais il faut au moins dire un mot de ce Raymond Lulle, génie transcendant, créateur d'une méthode si longtemps employée dans les écoles et intitulée : « Ars Lulliana. » Bien qu'il traite la musique plutôt en penseur qu'en artiste, puisqu'il veut prouver que l'on peut, par le moyen de la musique, pénétrer de nombreux secrets aussi bien dans les sciences naturelles que dans les sciences surnaturelles, il est intéressant à étudier, car son influence a été immense pendant le moyen âge et, de nos jours, Wagner n'avait-il pas des théories d'une grande analogie avec celles de Lulle? Cela prouve leur hardiesse comme aussi l'importance que le maître espagnol attachait au pouvoir expressif de la musique, son sens mystérieux de l'émotion, et indique chez cet esprit ingénieux la prescience de l'art futur.

Comme en France et en Italie, les mystères eurent un grand succès en Espagne, celui d'Elcke est un véritable drame musical; joué pour la première fois, en 1266, le 14 et le 15 août, il est repris depuis lors chaque année à la même époque. Quelle pièce s'est jamais maintenue au répertoire pendant un si long espace de temps? C'est bien là une originalité, comme aussi c'est un fait bien caractéristique de ce mystère d'être chanté d'un bout à l'autre, sans la moindre phrase parlée, ce qui peut prouver quel goût particulier avait déjà l'Espagnol du treizième siècle pour la musique.

Sous le règne des rois catholiques, elle brille d'un particulier éclat, sans aucune influence étrangère; au contraire, les musiciens flamands qui, pour la première fois, sont admis à la cour, subissent son emprise, et l'on retrouve dans leurs œuvres des rythmes populaires d'une originalité toute espagnole. Trois maîtres remarquables illustrent le règne de Ferdinand et d'Isabelle : Anchieta, Peñalosa et Juan del Encina, ce dernier surtout, à la fois poète et musicien, a un rare mérite. Sachant admirablement adapter la mélodie aux besoins du texte, il arrive à une perfection que ne peuvent obtenir ceux qui s'inspirent d'autrui. Ses compositions d'une expression prenante sont originales, car elles puisent leur principal motif dans un refrain populaire.

C'est, pendant le quinzième siècle et tout le début du seizième, l'âge d'or de la musique espagnole. Les compositeurs et les artistes se signalent à l'attention générale à la fois par leur technique très poussée et leur originalité caractéristique. On voit fleurir l'école sévillane avec ses Morales et ses Guerrero, l'école de Castille où brille le maître Tomas Luis de Victoria, émule dans son art des grands peintres : Zurbarán, Velasquez, Murillo, l'école de Valence illustrée par Juan Ginez, Perez et de Comes.

Et l'on voit aussi s'épanouir cette école catalane dont les glorieuses traditions furent surtout perpétuées par la maîtrise de Montserrat, le monastère fameux, qui forma les maîtres qui ont nom : Brudieu, Vilá, Flecha.

Ces artistes réputés cultivèrent surtout la musique religieuse, mais l'art profane n'en fut pas pour cela délaissé ; il existe toute une floraison d'œuvres délicieuses : chansons de cour et de taverne, madrigaux, *cantares* et *villancicos*, qui sont comme un résumé de l'esprit national.

Molière, du reste, et Lulli les connaissaient bien, ce dernier surtout, car plus d'une fois il introduisit dans ses œuvres des chansons espagnoles, entre autres celle-ci à la fin du *Bourgeois gentilhomme* :

> Sé que me muero de amor
> Y solicito el dolor...

La fin du seizième siècle vit s'ouvrir une ère nouvelle pour la musique ; en effet, la polyphonie vocale allait s'effacer devant la monodie, c'est-à-dire le chant accompagné par un ou plusieurs instruments, parmi ceux-ci la *vihuela*, sorte de luth ou de mandore, qu'il était de bon ton de savoir jouer dans la haute société et qui eut ses virtuoses comme Narvaez et Baltasar Ramirez. Puis bientôt l'instrument aristocratique devint populaire et se confondit avec la « guitarra » dont le règne allait luire et qui connut une si grande vogue.

En ce qui concerne le théâtre lyrique, il est à remarquer que l'Espagne ne subit pas tout d'abord l'influence de la célèbre « Camerata » florentine qui venait de créer le primitif *opera in musica*, et cela parce que les musiciens espagnols possédaient une tradition bien à eux et qui consistait à faire alterner dans une œuvre ou à les mélanger quand ils le jugeaient à propos, musique et poésie, produisant un effet puissant sur le peuple, d'autant plus compréhensible qu'à la base de ces œuvres il retrouvait toujours une de ses chansons favorites transformées par l'art en quelque chose qui le faisait vibrer. Dans cette utilisation du chant populaire, les compositeurs espagnols étaient des précurseurs des maîtres modernes qui ont créé ces écoles nouvelles où l'âme d'un peuple est traduite à l'aide de ces chants naïfs qui bercent de mélodies originales et prenantes tous les hommes, les faisant si divers, selon qu'ils s'élèvent sur les bords du Volga ou près des rives du Tage.

Après la période brillante qui s'achève au seizième siècle, s'ouvre une ère, non de décadence absolue, mais de déclin pour toute la musique espagnole, déclin qui se prolonge pendant deux cents ans à peu près. Quelques grands artistes gardent encore leurs précieuses qualités, surtout en ce qui concerne la musique religieuse; ils ne se départent pas de ce goût un peu austère, de cette technique savante, de ce souci de l'expression qui ont fait le mérite de leurs devanciers, mais ils se laissent peu à peu gagner par une certaine recherche artificielle, par le goût de l'enchevêtrement des parties, composant pour douze, vingt-quatre, et même trente-six voix avec accompagnement d'instruments et d'orgue. Quelques noms méritent d'être retenus : *Aguilera de Heredia*, savant compositeur aragonais, dont les *Magnificats* sont encore chantés fréquemment; *Comes*, sans conteste un très grand artiste; *Mateo Romero*, surnommé *Maestro Capitán*, sans doute parce qu'à l'exemple de Lope de Vega et de Calderón, il dut être militaire avant de se faire prêtre; *Romero*, un maître hardi aux idées neuves; *Patiño*, dont les « villancicos » contiennent des choses exquises.

La création du style récitatif et du « dramma in musica » en Italie devait fatalement amener en Espagne une forme nouvelle qui se ressentirait de l'influence de l'opéra italien; nous arrivons alors à des pièces dramatico-musicales qui portent l'appellation de « zarzuelas », du nom du château où on en représenta une pour la première fois au dix-septième siècle : mélange de paroles et de chant, dans lequel le discours s'agrémente de duos, de récitatifs, de chœurs, visant surtout à amuser un auditoire aimable, mais ne donnant jamais l'impression de grand art.

Il faut chercher celui-ci dans tout l'admirable théâtre de Calderón. Le glorieux maître avait compris l'aide précieuse qu'est la musique et, en examinant ses pièces, on voit constamment qu'il les annote en prescrivant : ici, le son des *chirimias*, *cajas* et *trompetas*; là, la partie des chœurs. C'est une conception que l'on pouvait s'imaginer moderne et que nous traduisons maintenant par ces mots : musique de scène, mais qui, au dix-septième siècle, était très particulièrement en faveur en Espagne et qui faisait que l'orchestre, caché à la vue du spectateur, le chant s'élevait comme pour répondre au personnage en scène, traduisant dans une explosion lyrique, toute sa pensée. Aussi comprend-on l'admiration de Wagner pour Calderón, certains monologues de celui-ci, soutenus par une harmonie prenante, rappelant l'extase passionnée des longues paraphrases de *Tristan et Yseult*.

Les musiciens, auteurs de zarzuelas, dont les noms nous sont parvenus, sont : Juan Hidalgo, le collaborateur de Calderón, Bances Cándamo, Juan de Palomares, Juan Blas de Castro, qui ont mis en musique nombre de vers de Lope de Vega, enfin, Juan de Navas et Jusepe Marin, qui interprétèrent avec un sens merveilleux de la vérité l'esprit populaire.

Marchands d'oranges.

Au début du dix-huitième siècle, les musiciens espagnols se divisaient nettement en deux clans : celui des
anciens qui se flattaient de tout sacrifier aux vieilles
doctrines savantes et érudites de la technique de tradition, celui des modernes pour qui l'art est avant
tout dans le progrès et qui, ayant découvert le charme
et des voix diverses concertées et de l'adroite union
des consonances et des dissonances, les employaient
avec fureur. Cette liberté qui ouvrait des horizons
nouveaux au contrepoint est, du reste, tout à fait en
honneur dans la musique contemporaine. Elle aurait
pu faire germer en Espagne une école intéressante ;
malheureusement, ce fut dans d'autres terres mieux
disposées à l'accepter que leva le bon grain. L'Espagne allait pendant quelque temps laisser étouffer
toute son originalité sous l'envahissant théâtre italien ;
la simplicité et le naturel des artistes nationaux s'effa-
çaient devant la magie des voix italiennes, mais aussi
devant des œuvres compliquées et conventionnelles
qui arrêtaient net le bel essor de l'inspiration nationale. Profane ou religieuse, elle perd ses belles qualités de noble simplicité, l'art religieux devient artifi-
ciel, exagéré, il ne vise plus qu'à l'effet, c'en est fini
de cette noblesse qui élève l'âme et la porte jusqu'à la
divinité.

Il semble que l'originalité nationale n'a plus qu'un
refuge : la « tonadilla » ; le dix-huitième siècle voit
son apogée, elle seule se dresse devant l'invasion ita-
lienne. Tout d'abord simple chœur à quatre voix, elle

n'était guère qu'un lever de rideau, mais tout le goût artistique d'un peuple passait comme un souffle bienfaisant dans ses refrains. Peu à peu, ensuite, elle se développa; des duos, des trios, des chansonnettes humoristiques se glissèrent dans ces divertissements qui obtenaient, dans le peuple surtout, le succès le plus mérité.

Les compositeurs les plus réputés de *tonadillas* étaient Misson, l'un des musiciens les plus goûtés de cette époque, Manuel Pla, Esteve et Laserna; c'est à ces deux derniers que l'on doit le véritable acheminement vers la musique et les danses nationales, suivant les traditions des maîtres du quinzième siècle. Certaines de leurs pages colorées et pittoresques pourraient être signées par les maîtres les plus réputés, qu'ils s'appellent Mozart ou Gluck.

C'est aussi un peu au dix-huitième siècle qu'appartient le célèbre Manuel Garcia, le dernier des *tonadilleros*; tout le monde connaît le célèbre virtuose sévillan, à la fois chanteur et compositeur, et dont la carrière fut triomphale. C'est à Cadix, en 1792, qu'il débuta dans une « tonadilla »; plus tard, il dut en chanter plusieurs à Rossini lui-même et, sans aucun doute, le grand compositeur italien dut être influencé par certains refrains caractéristiques qui communiquent à son *Barbier de Séville* cette couleur espagnole si vantée.

Pendant la plus grande partie du dix-neuvième siècle, comme pendant le dix-huitième, presque tous les compositeurs continuèrent à faire dériver leur production théâtrale et religieuse de l'opéra et de la musique sacrée italiens. Si, par hasard, quelques-uns cultivaient l'art symphonique, ils ne s'inspiraient nullement de la méthode de Haydn que Beethoven avait perfectionnée, mais se contentaient d'écrire soit des marches, soit des polonaises, ou encore de ces fantaisies pittoresques qui séduisaient le moyen public.

Il faut pourtant rendre hommage à Rodriguez de Ledesma, qui, dans les compositions religieuses, doit être mis à une place exceptionnelle. Né à Saragosse, en 1779, son patriotisme farouche l'avait forcé, en 1808, à se réfugier d'abord à Séville, ensuite à Cadix, mais, en 1836, il fut nommé maître de chapelle de la cour, et il composa alors des messes, un office des morts, et surtout les *Lamentations de Jérémie*, qui se chantent pendant la semaine sainte et qui, animées non seulement d'une foi sincère, mais encore d'une émotion pathétique, laissent enfin deviner ce que l'art moderne va être capable de créer. C'est lui aussi qui, le premier, impose Mozart au public madrilène; car, admirateur passionné du maître de Salzbourg, comme aussi de Weber, de Haydn et de Haendel, il a compris d'où jaillissait la véritable beauté.

Faut-il parler des compositeurs d'opéra? Ils sont bien oubliés, et les noms de Carnicer, Gomis, Saldoni, Genovés, Porcell, Eslava, Ovejero, Llanos n'éveillent que de bien confus souvenirs. Si *la Dolqres* de Breton et *la Circé* de Chapi ont connu des succès plus durables, c'est que ces œuvres accusent des tendances moins exclusivistes.

La production la plus typique de l'Espagne entre 1850 et 1880 a été *la Zarzuela grande*. C'est elle qui a sauvé l'esprit national de la musique espagnole au moment où l'on pouvait croire que les chants populaires seraient à jamais négligés et la tradition définitivement perdue. Tenant à la fois de *l'opéra-comique* français, de *l'opéra semi-seria* italien et de l'ancienne *tonadilla*, la zarzuela devenait une sorte d'opérette, les scènes déclamées comportant divers passages où l'art musical souligne tour à tour des situations lyriques ou comiques.

Gaztambide est l'un des premiers compositeurs de ce genre spécial. Il s'attacha surtout à la mélodie et aux airs populaires. Mais celui qui a le mieux réussi peut-être dans ce genre est le maître Francisco Asenjo Barbieri. Tomas Breton, — il dirige le Conservatoire de musique à Madrid — a, lui aussi, écrit une délicieuse zarzuela : *La Verbena de la Paloma*, d'une vive et franche inspiration.

A la fin du dix-neuvième siècle et au début du vingtième, c'est une véritable résurrection de la musique espagnole qu'il faut signaler. La culture des compositeurs est plus complète et plus solide, leur production s'élargit, s'enrichit. Le genre symphonique, pour ainsi dire abandonné au cours du siècle précédent, fleurit de nouveau. Les opéras ne sont plus seulement destinés à faire valoir la virtuosité vocale,

Fontaine publique.

ils ont des tendances lyriques très accentuées. Mais la
zarzuela tombe en décadence, elle dégénère peu à peu
dans cette sorte de production classée sous le nom de
género chico, petit genre, en effet, que ne parviennent
pas à relever et le maître Chapi et Amadeo Vives qui
s'y consacrent. Ce dernier, dont on connaît le beau
succès obtenu avec son opéra-comique *la Balada de
Carnaval*, est pourtant un excellent musicien.

Ce sont des ambitions plus hautes que celles de
devenir fabricants d'opérettes qui fermentent chez
toute cette pléiade de compositeurs modernes résolus
à faire valoir les trésors inestimables qu'ils découvrent
chaque jour. Il ne leur suffit plus de transcrire un
chant de muletier ou le bruit de guitares qui montent
de la rue, il leur paraît que tout ce rêve mêlé à tant
de rythme qu'est l'admirable musique populaire espagnole ne perdra rien à être enchâssé dans la perfection des formules. Élèves de ces théoriciens de génie,
Pedrell et Olmeda, ils s'apparentent à des écoles
caractérisées ayant une tradition et soucieuses de progrès constants. C'est sans doute aux deux grands
musiciens qui viennent d'être cités que les Espagnols
seront redevables de la renaissance musicale qui va
faire leur pays plus grand; par leurs écrits aussi bien
que par leurs œuvres, Pedrell et Olmeda devraient être
pour leurs compatriotes, écrit M. Collet, le critique
musical, ce que Glinka et Borodine sont devenus pour
les Russes.

Sans doute, pris par leurs occupations multiples,

ils peuvent, dans certaines parties de leurs œuvres, ne pas réaliser la perfection ; nombre de leurs élèves les dépasseront sans doute, mais sans ces vieux maîtres que de jeunes gloires ne se seraient jamais levées !

F. Pedrell, né à Tortosa, le 19 février 1841, a écrit de nombreux ouvrages, anthologies, recherches sur la musique et les musiciens espagnols, parmi lesquels *l'Hispaniae schola musica sacra*[1] est un des plus parfaits monuments de son œuvre considérable.

Ses opéras, *les Pyrénées, la Célestine*, ont fait connaître son nom ailleurs qu'en son pays natal.

Quant à Olmeda, don Federico Olmeda, trop tôt disparu, il naquit à Osma (province de Soria) en 1865. Maître de chapelle de la cathédrale de Burgos, puis des Déchaussées royales de Madrid, il mena, lui aussi, le bon combat pour réformer la musique religieuse et la musique profane ; ses *Discours sur l'orchestre religieux*, comme son livre sur *Pie X et le chant romain*, prouvent la profondeur de ses connaissances, la justesse de son jugement, la prescience aussi de ce que sera l'art moderne.

Ses compositions pour orgue, ses messes, ses symphonies, un quatuor, une sonate, sans parler de son poème symphonique sur le *Paradis perdu*, qui obtint à Valence le prix du concours musical, donnent la mesure de celui qui ne fut pas seulement un musicographe, mais un musicien.

1. *Le Mysticisme musical espagnol au seizième siècle.* Traduction H. Collet.

Parmi les disciples de Pedrell, il en est un qui brille au premier rang, astre qui a enfin révélé jusqu'au delà des mers lointaines que l'Espagne pouvait produire d'autres musiciens que des tambourinaires ou des guitaristes.

Isaac Albeniz naquit à Camprodon, en Catalogne, le 29 mai 1861. D'abord incomparable virtuose, il acquit ensuite une merveilleuse connaissance du métier de compositeur; sans ressembler à Liszt, il le rappelle par la généreuse abondance des idées.

Après avoir joué un peu partout, en Espagne d'abord, puis en Amérique, à Leipzig, à Bruxelles, à Londres, il compose la *Suite espagnole*, les *Chants d'Espagne*, la *Sérénade*, vrais petits chefs-d'œuvre, puis *Pepita Jimenez*, la *Trilogie du roi Artus*, *San Antonio de la Florida*.

Puis, à vingt-neuf ans, quand tant d'autres, grisés par le succès, pensent qu'ils n'ont plus rien à apprendre, lui, vient à Paris, à la « Schola cantorum », se mettre sous la direction de Vincent d'Indy et, lentement, il prépare le poème symphonique *Catalonia* et les cahiers d'*Ibéria*, de cet *Ibéria* dont Debussy disait que « l'on y retrouve l'atmosphère de ces soirées d'Espagne qui sentent l'œillet et l'aguardiente ».

Dans ces cahiers, Albeniz a mis le meilleur de lui-même, serti dans une forme originale et si neuve, que, tout en croyant reconnaître un thème populaire, on a cependant l'impression de quelque chose d'absolument nouveau.

A quelle perfection ce génie n'aurait-il pas atteint, s'il n'avait malheureusement été emporté en pleine maturité, à quarante-huit ans?

Un autre représentant de la nouvelle école a été Enrique Granados, ce Chopin espagnol, né à Lérida, en 1868; sa carrière de compositeur se confond avec sa carrière de virtuose, élégant, gracieux; on pourrait peut-être lui reprocher d'être surtout un musicien de salon. Pourtant, son opéra *les Goyescas* avait porté sa jeune renommée jusqu'en Amérique, et personne n'a oublié que c'est en revenant de New-York, où il était allé diriger son œuvre, qu'il trouva une mort affreuse dans le torpillage du *Sussex*, le 24 mars 1916.

Cette fin tragique nous a privés sans doute de compositions délicieuses que l'on était en droit d'attendre de l'auteur des *Tonadillas* et des *Chansons amoureuses*.

Son ami, Ricardo Viñes, né, lui aussi, à Lérida, mais quelques années plus tard, en 1875, a été un des bienfaiteurs de la musique par la passion qu'il a apportée à la répandre, aussi bien dans les auditoires sélects que chez le peuple par la création des concerts historiques.

Nicolau, auteur d'œuvres symphoniques et chorales, Enrique Morera, Lamothe de Grignon, directeur de la musique municipale de Barcelone, Francisco Pujols, Manén, Casals, Balcillo se distinguent parmi la pléiade des musiciens catalans.

Salvador Giner représente la claire région valencienne, comme aussi Eduardo Lopez Chavarri.

La région basque a aussi ses musiciens : Usandizaga Guride, le père Otano, Juan Telleria.

Parmi les compositeurs des Asturies, Facundo La Vina se détache avec netteté.

Rugelio Villar, Vicente Arregui, Julio Gomez forment dans le centre de l'Espagne le noyau de la création musicale.

Manuel Falla et Joaquin Turina sont les compositeurs les plus réputés de l'Andalousie.

Le premier, né à Cadix, le 23 novembre 1876, n'écrivit qu'en 1905 sa *Vie brève*, qui obtint le prix de l'Académie des beaux-arts. Il vint deux ans après à Paris qui lui fit fête. Il se lia avec Debussy, Ravel, Dukas et publia alors ses *Pièces espagnoles*, des *Mélodies*.

Ses œuvres les plus récentes sont des « nocturnes », *Noches en los jardines de España*, *El Amor Brujo* et un ballet : *El Sombrero de tres picos*.

Joaquin Turina, lui, est un Sévillan, né en 1881. Elève de Vincent d'Indy, il en subit très nettement l'influence dans sa sonate romantique et son quintette. Plus personnelle, *la Procession del Rocio*, poème symphonique, a obtenu un grand succès.

Si, délaissant les maîtres profanes, nous nous tournons vers la musique sacrée, nous trouvons une semblable cohorte d'artistes de choix : ce sont les Arriola, les Tafall, les Busca et les Luis Villalba ; tous se rattachent aux grands organistes classiques dont ils renouent les traditions. Il y a maintenant en Espagne, plus qu'en Italie, une véritable organisation musicale religieuse, les maîtrises sont nombreuses et les maîtres de chapelle qui les dirigent à la hauteur de leur tâche. Les uns et les autres sont soucieux d'un constant progrès.

« La jeune école de *tras los montes* vit d'une forte et abondante sève. Le principe d'*Eximeno* : « Etablir « son système sur la base du chant populaire », est radieusement appliqué. Désormais, leur tradition étant retrouvée, les Espagnols vont pouvoir créer de grandes choses. Et peut-être que le génie synthétique nécessaire à l'apothéose n'est pas loin de nous[1] ».

L'Espagne musicale est vivante!

1. Henri Collet.

CHAPITRE XVII

Les distractions nationales

Chaque peuple se reflète, dit-on, dans ses jeux favoris. Ainsi la Rome de la décadence, lasse de tout, ne se sentait plus tirée de sa torpeur que par les plaisirs du cirque. Pourtant les peuples jeunes d'Amérique se passionnent, eux aussi, dans les immenses arènes du Nouveau Monde, pour ces matches de boxe qui sont, comme au temps des Césars, le triomphe de la force physique et de l'adresse promues au rang de religion. Il ne faut donc pas se hâter de tirer des conclusions et prétendre que l'Espagne, admiratrice des courses de taureaux, sera toujours la patrie du matamore inutile et plein de jactance qui encombre la « Plaza ».

La Corrida ! Pour en pénétrer l'incompréhensible attrait, il faut y avoir assisté, à Séville, en un radieux dimanche de Résurrection, alors qu'un soleil d'Afrique fait d'or neuf le sable de l'arène et que, sous la coupole de sombre azur du ciel, s'agite la plus tourbillonnante foule qui soit. Il faut avoir entendu les cris, les rires, les chansons qui fusent des gradins, il faut avoir vu, drapés au balcon des loges, les incomparables crêpes de Chine brodés de fleurs fantastiques dans une orgie de teintes violentes, mais toujours harmonieuses, qui font à la beauté des femmes le parterre le plus éblouissant qui se puisse rêver. Il faut, après l'agitation inouïe, s'être figé dans le silence, minute d'éternité qui précède l'entrée du taureau. Il faut avoir vu la hardiesse des banderilleros ruisselants de broderies, il faut avoir deviné l'étonnante maîtrise de soi-même de l'espada. Il faut enfin avoir senti la mort! La mort! C'est parce qu'elle plane toujours, qu'elle fait d'un jeu quelque chose de grand. But du drame, elle le domine et elle fait penser que, si l'Espagne, comme tous les pays du soleil, sacrifie un peu à l'outrance et au convenu d'un sport théâtral, mieux que quiconque elle sait aussi, dans un beau geste, tomber. Et dans ce pays, c'est toujours noblement drapé qu'on meurt.

Sans prendre parti pour ou contre les courses de taureaux, il n'est pas inutile d'en étudier les phases principales pour pouvoir les suivre, si l'occasion s'en présente. Il sera toujours loisible au spectateur de déplorer ensuite un déploiement inutile de courage et d'adresse pour arriver à une banale boucherie, tout comme il peut déplorer la manie du chasseur, qui, sans danger, à l'orée d'un bois, abat la biche effarouchée sans autre mobile que son plaisir.

Les courses de taureaux remontent aux premiers

Courses de taureaux: entrée de la cuadrilla.

siècles ; les Espagnols comme les Romains furent toujours passionnés pour ce jeu. Le Cid lui-même parut
dans l'arène, pour combattre le taureau. Du reste, jusqu'au dix-septième siècle, les gentilshommes tenaient
à honneur de combattre : il y avait assaut de bravoure
entre les Maures et les chevaliers chrétiens, et on peut
citer parmi les « caballeros en plaza » qui se firent
remarquer : le comte de Tendilla, le marquis de Mon-
dejar, les ducs de Castillana et de Medina Sidonia.

De nos jours, ce n'est plus que dans des circonstances tout à fait exceptionnelles, — le mariage du roi
par exemple, — que des gentilshommes s'offrent au
péril, spectacle rare où le « caballero » cherche à sou-
straire son cheval magnifique à la bête furieuse tout en
courant dessus à coups de lance.

Depuis que, délaissé par l'aristocratie, le noble jeu
est devenu un métier, l'art tauromachique s'est déve-
loppé ; l'usage de la « muleta » et de l'épée rendent
la lutte beaucoup moins dangereuse. En outre, on connaît mieux le taureau, on l'étudie. Dans les « ganade-
rías », les toreros voient les bêtes qu'il leur faudra
combattre. Ils reconnaissent vite le vrai taureau « bra-
vo » avec son poil luisant, doux au toucher, ses jambes
sèches et nerveuses, ses petits pieds ronds ; ils scrutent
son œil vif, et s'applaudissent de lui voir les qualités
d'un animal de choix, digne de se mesurer avec eux,
les cornes bien plantées, lisses, penchées en avant,
pointe en l'air, la queue flexible et longue. Quelques
toreros préfèrent les « portugais », d'autres ceux de

Salamanque ou les castillans. Peu se réjouissent d'avoir à combattre des « navarrais », car leur petite taille leur paraît digne tout au plus des courses d'apprentissage, les *novilladas*.

A cinq ans, un taureau est bon pour la course ; trop vieux, il n'aurait plus assez de vigueur, ni cette audace imprévoyante qui le fait se jeter sur tout ce qu'on lui présente au lieu de s'attaquer à l'homme lui-même ; plus jeune, son élan se briserait trop vite, parce qu'il est encore trop sensible à la douleur. Sa valeur dépend d'abord de la race, puis des soins qui lui ont été donnés, enfin de ses qualités et de son âge. Il faut des soins infinis pour conduire un taureau jusqu'à l'arène ; aussi est ce plutôt un honneur qu'un profit d'être éleveur. Les principaux sont Veragua, duc de Madrid ; Sabillo, marquis de Séville, Arribas, Barrionuevo, Carriquiri, etc. Chacun a ses couleurs : le premier, rouge et blanc ; le second, bleu azur et blanc ; le troisième, rouge et noir, comme aussi Carriquiri ; enfin, Barrionuevo a adopté : bleu foncé, blanc et rouge.

Le prologue de toute course consiste à séparer du troupeau les taureaux dignes de figurer dans l'arène et à les emprisonner dans une cellule étroite et obscure. Opération délicate, dans laquelle le « vaquero », le bouvier, si agile et si bien découplé qu'il soit, doit avoir pour auxiliaire le « cabestro », un bœuf plein de ruse, sorte de chien de berger, ami de son maître, qui le comprend et lui obéit et fait marcher tout le troupeau de taureaux. Par un corridor étroit, quand la bête a été isolée, il l'entraîne, une trappe à coulisse lui ferme le retour. Le « cabestro » avance, une seconde trappe s'abat sur ses jarrets au nez même du taureau qui le suit et reste enfermé, pendant que lui galope à l'air libre. Une cage adaptée à cette prison permet d'embarquer l'animal directement vers la plaza.

Il y a, en Espagne, environ 76 plazas de toros pouvant contenir 500000 spectateurs au moins. Edifices circulaires, ils se composent de l'arène ou « redondel », entourée d'une barrière en planches haute de 1 m. 60 environ et d'un couloir qui la sépare des places des spectateurs. Les premiers gradins à ciel ouvert se nomment : *asientos de barrera*, *de contrabarrera* et *de tendido*. Les places supérieures couvertes s'appellent *gradas* et se divisent en *delanteras* et *asientos de grada*. Au-dessus se trouvent les *palcos* (loges) et les *andanadas*. Les gradins placés au-dessous de la loge présidentielle se nomment *balconcillo*, et *tabloncillo* le gradin le plus élevé sur tout le pourtour du cirque. On répartit aussi ces diverses places sous les noms de *sombra* : places à l'ombre ; *sol*, places au soleil ; *sol y sombra*, places où l'on est d'abord au soleil et ensuite à l'ombre.

Les dépendances du cirque sont : le toril, avec les *corrales*, enclos où sont amenés les taureaux ; les écuries, la boucherie, l'*arrastradero*, endroit où l'on équarrit les chevaux morts, l'infirmerie pour les toreros blessés, et la chapelle où ils prient avant le combat.

Dès que l'heure a sonné, quatre heures en général, les alguazils à cheval, vêtus du vieux costume espagnol, velours noir, chapeau empanaché, font leur entrée, suivis de toute la troupe, la « cuadrilla » ; défilé théâtral, où chacun, conscient du rôle qu'il va jouer, s'efforce à la dignité, à la grâce, à la souplesse. Une musique bruyante souligne leur marche rapide et même un peu saccadée. En tête s'avancent les « espadas », éblouissants dans leurs costumes chargés de broderies d'or ou d'argent qui laissent à peine deviner le satin orange, rouge, vert ou bleu de la veste et de la culotte. La « coleta », cette mèche de cheveux, signe distinctif de leur profession, pend sous la « mona », ce fameux chignon de rubans noirs qui, avant d'être un ornement, sert à amortir les coups dans les chutes et sur lequel ils portent crânement la « montera », coiffure traditionnelle.

Les « banderilleros », à peu près vêtus de même, mais un peu moins richement, les encadrent ; tous ont les souliers plats sur les bas de soie et les capes rutilantes. Les « picadores », à cheval, ont un harnachement spécial ; l'armature dissimulée sous les guêtres de cuir protège leurs jambes contre les coups de cornes probables, et leur veste largement échancrée, sorte de boléro, leur donne une plus grande liberté de mouvements ; enfin, le grand chapeau plat à bords larges, assujetti sous le menton par une jugulaire, remplace la « montera ». Les domestiques, *chulos* ou *monos*, en costumes d'arlequins et les attelages de mules enrubannées aux grelots sonores ferment la marche.

Après le salut au président, ceux des toreros qui ne

Courses de taureaux, la mort du taureau.

participent pas à la course s'écartent, les autres vont à leur poste ; le président jette à l'un des alguazils la clef du toril, une grêle fanfare retentit, la porte s'ouvre et le taureau s'élance. En général, il bondit, pressé de voir la lumière, puis ébloui, assourdi, il s'arrête, fièrement campé, regardant droit devant lui. Parfois, il a un recul, il baisse la tête comme un enfant rageur qui commence une bouderie ; mais les cris, le bruit ont tôt fait de l'exaspérer : alors il fonce sur le premier obstacle qu'il aperçoit. En général, c'est le cheval du picador le plus proche qui l'attire ; il semble qu'il veuille se venger de quelque injure sur la pauvre bête aveugle et lasse. Bien assujetti dans ses larges étriers, le picador attend, la « garrocha » en main, et il cherche à repousser l'assaut. Lutte courte, en général, car à l'approche des cornes qui l'effleurent, le pauvre cheval, si peu ombrageux qu'il soit, fait un saut de côté qui déroute l'animal furieux ; ou bien il est blessé et, le sang qui coule semblant au taureau un sacrifice suffisant, il va ailleurs essayer sa force. Trois fois au moins, le taureau doit éprouver le fer du picador, première passe qui s'appelle « suerte » de *garrocha* ou de *vara*.

Puis vient la passe des « banderillas », épisode où la grâce et l'agilité des « banderilleros » fait oublier l'émouvante sortie des chevaux blessés. La « banderilla » est une légère fléchette de 65 centimètres, enrubannée et fleurie de papiers multicolores, que l'on doit enfoncer dans le cou du taureau au moment où celui-ci est « humilié », c'est-à-dire baisse la tête, prêt à don-

ner des cornes. Audacieux, sûr de lui, le « banderillero »,
bras tendus, doit saisir le moment favorable, le temps
d'un éclair parfois, pour planter ses « banderillas »,
car il risque d'être harponné.

Quand, en un bouquet, les flèches s'agitent sur le
cou de l'animal, il est hors de lui, le bruissement
qu'elles font, la douleur qu'elles causent l'irritent.
C'est alors que les jeux de la « capa » font merveille ;
elle l'enveloppe, le nargue, détourne sa colère, l'exas-
père, et cette lutte est passionnante, comme toutes
celles où sont aux prises la force brutale et l'intelli-
gente audace.

Mais voici le dernier acte ; un coup de clairon retentit : l'*espada* s'avance ; d'une main il tient l'épée, de
l'autre la « muleta », ce morceau d'étoffe rouge fixé à
un bâtonnet, sous lequel il dissimule la pointe de son
épée et qui complète l'action de la *capa* ; les passes de
la muleta, toujours plus rapides, se multiplient pour fa-
tiguer l'animal, l'étourdir et l'amener dans une situation favorable pour donner l'estocade ou coup de mort.
L'épée ou *estoque* est une lame d'acier forgé, longue
de 80 centimètres environ ; le pommeau gainé de cuir
permet de la tenir bien en main. Quand la première
estocade amène la mort, c'est un triomphe pour l'espada, c'est un coup fort rare donné dans la colonne
vertébrale et qui fait expirer l'animal aux pieds mêmes
du torero heureux. Plus souvent, il faut deux ou trois
tentatives pour amener la mort du taureau, et souvent
même, il est nécessaire, quand, les nerfs ayant été tran-

chés, l'animal s'est abattu, de lui donner le coup de
grâce ; c'est le « cachetero » qui est chargé de ce
soin, il met fin à l'agonie trop lente en le frappant par
derrière, entre deux vertèbres, avec la « puntilla »,
manche à tige d'acier cylindrique armé d'une lancette.
C'est fini, les attelages de mules joyeuses entraînent
la bête morte, du sable est répandu sur les traces sanglantes pendant qu'on acclame l'espada qui, radieux,
fait le tour de l'arène, bombardé de chapeaux, de
mouchoirs, de fleurs, qu'il renvoie d'un geste gracieux
à ceux qui l'acclament. Parfois, s'il a abattu un animal
en l'honneur d'une dame qu'il veut flatter d'un hommage et s'il a été particulièrement habile, il a droit à
l'oreille et il offre comme le plus précieux trophée ce
petit triangle velu coupé sur le taureau tué. Presque
aussitôt, la représentation continue, la foule impatiente
n'aime pas les longs entr'actes et il lui faut au moins
ses six taureaux pour qu'elle se déclare satisfaite. A
regret, elle quitte la plazza après la dernière mise à
mort ; elle guette le passage de ses favoris pour les
applaudir encore, elle les entoure, elle les compli-
mente. Eux, avec des sourires, saluent leurs fervents ;
puis, dans ces fins de jours lourds et parfumés, ils s'en
vont, ivres de fatigue, d'orgueil, de bravos ; caressés
par les yeux fiévreux des femmes, ils se sentent, pour
quelques heures, des rois ou des dieux, et ils rêvent aux
passes savantes qui leur donneront encore plus de
gloire, pendant que, dans la cohue enfantine qui escorte
leur voiture, germent des vocations irrésistibles, qui,

des gamins d'aujourd'hui, feront peut-être les héros de demain.

Les toreros sont nombreux; ceux qui ont brillé d'un particulier éclat en ce dernier siècle sont Currito, Cara-Ancha, Frascuelo, Mazzantini, Guerrita, Espartero, Lagartijo, Torerito, El Ejicano, et, plus près de nous, Vicente Pastor, Gallito, Reverte, Fuentes et le célèbre Bombita, qui, en se retirant récemment, a laissé vide la place d'un torero entraîné, aussi remarquable par son sang-froid que par sa science élégante.

Distraction d'un monde plutôt interlope, les combats de coqs passionnent, dans certaines provinces, tout un peuple d'ouvriers, de gens de la campagne, de mineurs. Sans luxe, le *circo de gallos* se compose d'une petite estrade ronde, couverte d'un tapis de fibres et entourée d'un grillage. Quelques gradins en amphithéâtre, sur lesquels sont rangés des chaises, sont réservés aux spectateurs et aux parieurs, car c'est le démon du jeu qui forme l'attrait principal de ces luttes. Les coqs sont âgés de deux à cinq ans et de race anglaise ou espagnole; plumés par places, ils ont un aspect inquiétant de bêtes de sabbat. Après les avoir pesés, on enduit leurs ergots de jus de citron pour rendre les blessures plus cuisantes et on met deux coqs en présence. Alors commence un combat à mort; acharnées, sanglantes, les deux bestioles s'attaquent avec une fureur qui croît à mesure que le sang coule des têtes entr'ouvertes ou des yeux crevés; leurs piaulements de détresse sont ponctués par les cris des parieurs : « A trois douros contre deux le blanc, à quatre le noir, à quatre »; et quand, enfin, il en reste·une, pantelante, le crâne vidé de cervelle, c'est un tumulte assourdissant parmi les joueurs, tumulte qui s'achève parfois en rixes, digne épilogue d'un plaisir où s'exaspèrent les passions les plus bestiales.

National aussi, mais combien noble et sain, est le jeu de la Pelote basque, en honneur non seulement sur les côtes basques, mais encore en Navarre, en Catalogne et même à Madrid. Tout d'abord divertissement populaire, il est devenu de plus en plus un spectacle public où se voient des joueurs de profession ; on pourrait, pour toutes les qualités qu'il nécessite, l'appeler le roi des sports. N'est-ce pas de la *Pelota*, d'ailleurs, que dérivent et le cricket et le tennis? Pour les uns et les autres, il faut une habileté chaque jour entretenue et une souplesse renouvelée.

Le jeu a lieu dans des salles ouvertes ou fermées; il exige un *fronton*, mur de 8 à 10 mètres de haut, contre lequel une balle en cuir, recouverte de caoutchouc, est vigoureusement lancée par un groupe de joueurs ; elle doit être reçue par un autre groupe et renvoyée d'où elle vient. Chaque joueur est muni d'une palette en osier, creuse, et fixée à un gant de cuir qui s'appelle « chistera ». Chaque camp a douze paumes (balles), le premier coup se nomme *el saque*. Les camps, l'un rouge et l'autre blanc et bleu, se composent d'un premier joueur, ou *delantero*, et de deux joueurs auxiliaires, ou *zagueros*. Chaque faute donne au camp opposé un point, ou *tanto* ; celui qui a fait le moins de fautes et atteint le premier le nombre de *tantos* convenu a gagné la partie. Vigueur, agilité, souplesse, il faut toutes ces qualiltés pour être un bon *pelotari*, et c'est l'exercice le plus efficace pour le jeu des muscles, du thorax, des bras, des jambes et de la poitrine ; il serait à souhaiter que les jeunes générations pratiquent de plus en plus ce sport national qui contribue à faire la race belle et forte, plus vivante dans un rationnel développement de ses muscles.

La danse ! Plus qu'une tradition nationale, c'est l'âme même d'un peuple qu'elle évoque en Espagne. Nulle part comme dans cette terre de lumière et de soleil, on ne rencontre ce besoin éperdu de traduire en gestes gracieux, en attitudes expressives, tout ce qui fait la poésie des sentiments et des passions. L'amour, la douleur, la volupté, les Espagnols ne se contentent pas de les peindre et de les chanter, ils les dansent, et non pas comme les peuples primitifs, parce qu'ils n'ont trouvé que cette façon d'exprimer leurs sensations, mais parce qu'après avoir tenté de les rendre vivants par la plume ou le pinceau, ils reviennent à la beauté du geste, plus réaliste, sans vain artifice, beau comme la vérité.

Est-ce à la lointaine empreinte arabe qu'ils doivent le goût des attitudes qui font de leurs danses non un tourbillon sans raison, mais un long poème ? Sans doute ; mais à la langueur musulmane, ils ont joint cette fièvre, ce mouvement qui rendent vivantes leurs plus lointaines sarabandes, leurs chacones, leurs pasacalles.

Qu'elle devait être évocatrice, cette sarabande fiévreuse qui provoqua des condamnations en justice et des censures ecclésiastiques et finit par être prohibée en 1630 par ordre du conseil de Castille! Le tango moderne, si décrié, devait être bien pâle à côté de ce pas diabolique où se combinaient le *meneo* de la *crissatura* romaine et la *chika*, la grande danse voluptueuse africaine.

Tout aussi lascive est la *chacona*, ordinairement exécutée par divers couples de danseurs et de danseuses et qui ne fut détrônée que par les *seguidillas* et le *fandango*, d'où dérivent la plupart des pas modernes.

Ce dernier vint, dit-on, en Espagne après avoir été apporté de Carthage à Rome. Mais qu'il s'est vite acclimaté en terre espagnole et comme il a renouvelé tout l'art chorégraphique ! C'est à lui qu'on doit la « tirana », cette danse andalouse, sur une mesure de six-huit, qui, avec ses soupirs et ses syncopes, exprime toute la tristesse d'un amant dédaigné. C'est le fandango encore qui est frère de cette *jota* ardente, qui raconte comme le plus beau des poèmes l'éternelle chanson du Désir. Garçons et filles, en couples légers, se poursuivent, s'envolent comme des papillons, leurs bras se tendent, leurs doigts se crispent, les pieds impatients frappent le sol, puis ils se rapprochent, les danseurs sont triomphants, les danseuses s'engourdissent, extasiées, et, épuisés et ravis, les couples enfin s'enlacent.

Partout en Espagne fleurissent ces danses, comme aussi le *vito*, interprétation chorégraphique d'une course de taureaux, et la célèbre *flamenca*, à la fois gitane et andalouse, que tous les étrangers vont admirer dans ces maisons de danses réputées, qui trop souvent gâchent par amour du lucre une vision d'art.

Mais chaque province garde jalousement comme une tradition certaines danses qui lui appartiennent en propre ; ainsi le pays basque, fidèle à son passé de courtoisie et d'héroïsme, aime à se retrouver dans l'*Aurresku*, danse fière et légère, pleine de sauts gracieux, de saluts, d'attitudes nobles.

En Castille se déroule la *rueda*, sorte de ronde où, sans se toucher, on danse et on marche alternativement, et *Alagudo*, un pas que l'homme et la femme doivent exécuter en face l'un de l'autre, la femme gardant toujours les yeux baissés. Tantôt, les couples ne doivent pas se mouvoir en dehors de l'emplacement qu'ils occupaient au début de la danse ; tantôt, ils doivent dessiner des angles, de façon que deux couples voisins n'évoluent jamais dans la même direction et qu'ils constituent de la sorte une théorie en zigzags.

Sous des formes rustiques, on retrouve aussi les *giraldillas*, les *seguidillas* et le célèbre *bolero*, au caractère grave et majestueux, qui s'apparente au menuet.

Près de Salamanque se danse la *charrada*, avec

accompagnement de castagnettes et de tambours de basque.

En Aragon l'*espolero* a une allure antique et rappelle l'*aurresku* des provinces basques.

La chorégraphie catalane est très variée : la *Sardana* est regardée comme la danse nationale ; un peu partout on s'occupe de lui rendre la place à laquelle elle a droit et qu'elle avait un peu perdue, détrônée par l'invasion des danses nouvelles ; on peut la classer dans le genre de danses *de vueltas en ruedas*, c'est-à-dire en cercle. Ce cercle oscille vers la gauche, rétrocède vers la droite, puis revient, puis retourne, puis s'immobilise au moment où joue le fluviol, petite flûte mince très aiguë, faite d'os, de bois ou de roseau. La *dansa*, elle, est à trois temps, son mouvement est vif, six couples y prennent part, formant tantôt un cercle, tantôt une étoile.

La « danse des bâtons » et la « danse du cierge » sont plutôt de vieilles coutumes que de véritables ébats chorégraphiques à la portée de tous.

Quant aux *danses de la Huerta*, les *parrandas*, les *torras*, peu à peu elles disparaissent sous l'influence de l'Andalousie si proche. Car c'est bien ce coin béni la véritable patrie de la danse ; là, le répertoire se transforme, se complète ; après les *tangos* et les *guajiras* sont venus les *tientos* ; puis, plus récemment, les *parrucas*, qui indiquent une vitalité prodigieuse, et toujours dans ces danses se retrouvent le mouvement des bras et ceux de la ceinture qui influent sur l'allure générale et caractérisent la façon andalouse.

Qu'elles soient d'ailleurs du Nord ou du Midi, de Castille ou d'Aragon, ces danses prouvent un merveilleux essor vers l'affirmation d'une personnalité, c'est un trésor d'art encore inexploité qui peut exalter ceux que découragent les banalités du convenu. Spontanées, vivantes, jamais banales, elles réalisent parfois de l'absolue beauté et elles prouvent l'étonnante vitalité d'un peuple qui peut à la fois se passionner pour les joies sanglantes de l'arène, s'enfiévrer dans le sport ou s'abîmer d'admiration devant la perfection du geste.

CHAPITRE XVIII

Quelques villes
éternellement vivantes

Tolède, Cordoue, Séville, Grenade! Cités immuables, vous ferez cependant toujours l'Espagne vivante, car un pays qui porte à son front de tels joyaux est riche à jamais. Les siècles peuvent passer, les dynasties se succéder et disparaître : vous demeurez, vous, villes de beauté, villes de lumière, et votre éclat, nul ne le surpassera jamais.

Des mondes nouveaux pourront jaillir, de colossales et fabuleuses agglomérations aux gigantesques artères encombrées ; mais pas un de vos boulevards superbes ne vaudra la ruelle mal pavée d'une Tolède endormie dans son passé de volupté et de sang, et nul palais de milliardaire ne s'adornera jamais du *mirador* de la Sultane qui fit rêver un Théophile Gautier et qui, accroché au flanc de la Sierra Nevada, est environné à la fois des merveilles de la nature et des chefs-d'œuvre de la main de l'homme.

Villes chatoyantes, bijoux précieux : Grenade, telle un rubis, dédaigneusement sertie dans l'or vert de sa plaine, Grenade aux murailles rouges comme le fruit savoureux dont elle porte le nom et qui, malgré sa beauté, ne peut faire oublier cette perle : Séville, blanche de toute la blancheur nacrée de ses palais, blanche encore comme la mantille des « señoras » parées pour la Feria; pureté qui rend plus saisissants les rayons dorés qui fusent d'une pierre aux tons chauds, d'une topaze qui est un trésor : Tolède, joyau historique, monté dans un roc de granit et qui a gardé dans l'ocre vif de ses terres comme dans celui de ses ponts et de ses palais tout l'éclat de la pierre précieuse; Tolède dorée comme ces abricots dont la saveur jolie monte des champs immenses et fait planer sur l'ancienne cité un parfum acide particulier à ce coin de l'Espagne. Plus belle enfin que l'émeraude de sa ceinture d'orangers est Cordoue, la rayonnante, dont la mosquée semble quelque futaie des *Mille et une nuits* jaillie de la légende de quelque vieux conteur arabe.

Peu de villes laissent au fond du regard une empreinte aussi durable que celle que produisent ces villes. Grenade l'orientale, paresseusement couchée dans la campagne la plus verte et la plus fraîche qui existe, baignée d'eaux vives si limpides, abritée par la blancheur neigeuse de sa Sierra, fait goûter aux sens toutes les douceurs, et exhale tous les parfums.

Grenade! c'est surtout l'Alhambra! C'est l'évocation brusque et magnifique de la vie mauresque, de l'art le plus pur et le plus splendide, glorifié comme en un palais de féerie. C'est le caprice de l'imagination la plus folle retracé par la main des maîtres, c'est le site de rêve, le fabuleux « château en Espagne » interdit par les sages et qui restera le type complet de l'irréel pour une fois seulement réalisé.

Pour pénétrer dans la rouge enceinte (*al-hambra* veut dire *rouge* en arabe), il faut franchir la porte dite de la Justice, sous l'arcade persane où se devinent quelques restes des faïences qui la décoraient autrefois. De la place des Citernes, la vue s'étend sur l'Albaicin, ce quartier des gitanos, où, sous les figuiers de Barbarie, nichent ces Bohémiens d'Espagne qu'il vaut mieux voir à travers les rayons de leur légende, qu'accroupis au bord du chemin si proche. Il vaut mieux aussi détourner les yeux du palais de Charles-Quint, qui, si malencontreusement, a pris la place d'une partie de l'Alhambra, et qui, inachevé, fait regretter plus encore l'irréparable sacrifice artistique dont il a été cause. Pour l'oublier, il faut tout le charme de cette cour des « Myrtes » où chacun, à son gré, peut éveiller dans ce merveilleux décor de fraîcheur et de verdure les silhouettes lointaines des nobles Abencerages penchés sur le bassin où se reflètent les fines dentelures des arcades mauresques. Sans doute les beaux cavaliers de jadis ont dû promener leur nonchalance sous les plafonds en bois de cèdre peint, s'accouder aux baies de la superbe salle des

Ambassadeurs et, artistes innés, être pris par le charme incomparable de cette cour des Lions, toute fleurie de fines arcades et de sveltes colonnes, avant de succomber à la traîtrise dont le souvenir, dit-on, est resté incrusté en traces sanglantes et indélébiles sur le marbre blanc de Macael.

Qu'elle devait être dure à quitter, cette vie enchanteresse, pendant que s'exhalaient les parfums des cassolettes précieuses, et pendant que chantaient les jets d'eau jaseurs dans les larges bassins ! Volupté et mort, elles étaient souvent très rapprochées, ces deux étapes, pour les sultans d'un jour qui, demi-dieux à l'aube, ne voyaient pas le soir, parfois, arrachés à leur rêve par l'assassinat. De quel regard éperdu ils devaient embrasser une dernière fois ce paysage d'allégresse baigné de lumière, ces galeries aux riches tons ambrés, ces *miradores* où rêvaient les sultanes, ces jardins fleuris, et les grands escarpements neigeux de la Sierra Nevada colorés d'or et de pourpre, que le voyageur qui passe voudrait emporter à jamais dans son souvenir pour faire de ses rêveries solitaires une fantaisie chaque jour renouvelée ?

Grenade, c'est le rêve, mais Séville, c'est le plaisir. Le rire, la flânerie, le luxe y ont droit de cité ; pas de visages tristes dans les étroites rues où, en sécurité, sans crainte des voitures, les promeneurs causent entre des magasins chatoyants et des cafés somptueux. Et pourquoi, d'ailleurs, le Sévillan serait-il triste ? Il ne pleut que du soleil sur ses maisons blanches et coquettes qui changent ainsi de couleur pour se teinter de rose, l'emblème de la joie. Et n'est-ce pas du rose encore qui resplendit sur sa Giralda, sa gracieuse tour, haute de 70 mètres, qui de minaret s'est convertie en clocher et qui, diminuant à mesure qu'elle monte, paraît élancée comme un jeune peuplier, véritable merveille d'élégance?

N'invite-t-il pas aussi aux rêves ailés, l'Alcazar aux exquises colonnades, aux dentelles de stuc, aux jardins à la flore luxuriante, tout verdoyants de palmiers et d'orangers? Radïeux tableaux de l'art oriental sont ces *patios*, celui de « las Doncellas », si blanc sous le ciel bleu entre sa quadruple rangée de colonnes dont l'arc se ploie en fer à cheval, celui de « las Muñecas », qui, à côté de la magnificence de son voisin, est le plus délicieux réduit intime qui soit, harmonieux dans ses moindres détails. Quel charme aussi ont ces couloirs entrecoupés qui abritaient la cour intérieure et rappellent les exigences des jaloux princes orientaux! Combien il est fâcheux que leurs successeurs, depuis Pierre le Cruel jusqu'à Philippe V, aient voulu adapter à leur usage le palais de féerie, l'un, en détruisant, par exemple, dans le « Patio de las Doncellas », l'auvent dont la saillie protégeait les marbres et les arabesques, afin d'y ajuster un étage, les autres en effaçant ou en surchargeant les sentences coraniques écrites avec ces souples caractères arabes si décoratifs et que des ignorants ont retracés parfois à l'envers ou même tronqués, ou en recouvrant d'un placage brillant, mais dépourvu de tout style les azulejos chatoyants ou les plafonds de bois précieux travaillés comme l'ivoire !

Palais de rêve ! Jardins de rêve aussi, où s'exaltent sous le soleil tous les parfums qui montent des fleurs innombrables, jaillies de tous les coins de terre en parterres, en tapis, ou escaladant les arbres et les murs en grappes pressées, en touffes odorantes, plus voluptueuses de s'épanouir, si libres sous ce ciel de flamme, toujours le même depuis que les sultanes aimées de jadis parcouraient ces allées, et que la belle Marie de Padilla prenait son bain quotidien sous l'œil vigilant de son implacable maître, Pierre le Cruel !

Du rêve ! rêve de beauté, rêve d'amour, rêve mystique aussi, mysticisme un peu exubérant, mais respectable comme toutes les manifestations d'une foi convaincue. Certes, il ne faut pas que ceux qui viennent assister aux processions de la Semaine sainte à Séville, s'imaginent voir se dérouler de longues théories de fidèles extatiques, les yeux levés, les mains jointes, ainsi qu'on se plaît à se représenter les premiers chrétiens dans d'obscures catacombes. Le tempérament espagnol, le tempérament andalou surtout ne s'accommode pas des prières muettes, où le cœur a plus de part que les lèvres, il lui faut de longues invocations, des exclamations vibrantes pour exprimer ses désirs, ses besoins, ses remords, sa contrition. Il lui plaît d'escorter sous les cagoules un peu carnavalesques, un gros cierge au poing, les *pasos* chargés

TOLÈDE. — Au bord du Tage.

de statues et de lanternes, et, quand arrive le Jésus du Grand Pouvoir, tragique, sanglant sous sa somptueuse robe de velours surchargée de broderies, de le saluer d'une *saeta* [1] vibrante. Mais le Dieu qui « sonde les reins et les cœurs » ne doit-il pas, en considérant la pureté d'intention de ses adorateurs, leur pardonner leurs défaillances, et parce qu'une claire voix d'enfant, sous le ciel constellé d'étoiles, lui a dit son amour dans une naïve poésie, oublier que ses porteurs fatigués s'arrêtent un peu trop souvent, non pour réciter le rosaire, mais pour humecter leur gosier desséché par la poussière et la chaleur?

Interminables sont ces processions, où se suivent les « pasos » du saint Christ du Silence, de Notre-Dame de l'Amertume, de Notre-Dame des Larmes, du Seigneur de la Bonne Mort, de la miraculeuse Vierge de l'Espérance, celui de la Macarena surtout, si aimée des Andalous, avec ses joues roses, ses longues paupières et son merveilleux manteau d'or constellé de bijoux, car toutes les femmes en ces jours de pénitence tiennent à honneur de se dépouiller de leurs joyaux pour parer la Mère de Dieu. Et toujours les plates-formes sacrées sont saluées des mêmes cris, des mêmes apostrophes qui couvrent parfois la barbare musique qui les escorte, qu'elles s'arrêtent à l'angle de la plus tortueuse ruelle ou devant les tribunes élevées devant l'hôtel de ville et remplies d'un public élégant. Et

1. Oraison jaculatoire.

dans la nuit parfumée, c'est un perpétuel va-et-vient
sur les pavés glisssants, enduits de la cire qui coule en
grosses larmes des cierges innombrables, jusqu'à l'instant où, enfin, rentrée dans la cathédrale, immense avec
ses cinq nefs et ses multiples chapelles, la procession
s'évanouit dans l'étincellement de ses myriades de
lumières, au milieu du silence redevenu absolu, plus
émouvant d'être si respectueux après l'agitation précé-
dente. Le peuple andalou se tait, il n'est plus chez lui,
dans la rue qui est sienne ; il entre dans la maison de
Dieu et les cérémonies de la cathédrale se déroulent
dans le calme, avec la pompe grandiose et simple à la
fois de la religion catholique.

Séville, c'est le rêve, c'est le plaisir aussi, c'est la
lèvre et sa caresse rouge et rose, et il éclate, impétueux, après le calme relatif de la Semaine sainte quand
s'ouvre la Feria. Cette foire qui commence le lundi de
Pâques n'a plus, dit-on, la vogue d'autrefois ; pourtant
quelques riches familles sévillanes conservent la cou-
tume de se divertir dans les *casillas*, petites baraques
établies sur le champ de fête, qu'elles louent pour y
recevoir leurs amis : une petite terrasse, un salon, une
salle à manger composent cet abri provisoire où
l'on bavarde, où l'on goûte en buvant du manzanilla,
où l'on danse de trépidantes *malagueñas*, la traditionnelle *seguidilla* et même des pas beaucoup plus modernes, cependant qu'un peu plus loin le marché aux
bestiaux se poursuit avec ses disputes, ses marchan-
dages, tout ce cortège inévitable des transactions

commerciales et paysannes, et que les meuglements des animaux impatients se mêlent aux sons joyeux des orchestres inlassables. C'est l'exubérance populaire dans toute sa naïve licence et les plus moroses sont gagnés par cette joie contagieuse à la vue des femmes, toutes jolies de l'éclat de leurs yeux et de leurs sourires, des fleurs qui semblent plus embaumées, du soleil plus éclatant, de la gaieté plus frénétique, scandée au son bruyant des castagnettes.

Après Grenade, le songe de gloire et d'amour, après Séville la rieuse, Tolède, elle, c'est la fleur du souvenir.

L'apparition de Tolède par une chaude et orageuse après-midi est inoubliable. Brusquement, au détour de la route, à un coude du Tage, surgit une cité moyenageuse, aux âpres contours, et dont l'aspect sévère et fermé vous fait passer sur le cœur une sensation étrange où l'admiration est surtout faite d'émotion.

Il semble qu'en cette cité le temps ait arrêté sa marche inlassable ; tout est d'une solennelle antiquité, et le calme profond, troublé seulement par les bouillonnements du Tage, accroît encore l'illusion.

Sur la chaude teinte du ciel, c'est une féerie dorée que ces remparts aux tons ocrés, ces créneaux et ces tourelles, toute une architecture élégante et forte, où se mêlent aux arcs délicieusement gothiques toute la dentelle des créneaux et des galeries à jour.

Tolède est plus qu'une ville, c'est un musée où se condense l'histoire de vingt siècles : c'est là qu'il faut s'arrêter pour comprendre l'Espagne. Trait d'union entre le Nord et le Sud, là surtout se heurtèrent deux mondes : l'Orient et l'Occident. Son climat même semble se rattacher au Nord, quand, par les froides journées de novembre, le thermomètre descend jusqu'à 4 et 5 degrés au-dessous de zéro, alors que, dès qu'apparaît le printemps, un souffle embrasé vient d'Afrique pour lui rappeler ses anciens maîtres. Avec quelle netteté on les évoque, ces Arabes impassibles dans le pittoresque lacis des ruelles aux petites maisons, dont les toitures s'unissent pour ainsi dire au-dessus des rues, les transformant en couloirs d'ombre! Derrière ces façades mystérieuses, on imagine la longue théorie de tous ceux qui y ont vécu, qui y ont aimé, qui y sont morts. Si leurs âmes reviennent hanter ces voûtes dorées, elles doivent sans peine retrouver leurs souvenirs, car tout ici a été créé pour elles, et le fleuve impétueux qui a bercé leurs jours emplit toujours de sa grande voix puissante la sérénité silencieuse de la nuit.

Le pont d'Alcantara est bien la triomphale entrée qui convient à la ville majestueuse baignée par le Tage; aussitôt après l'avoir franchi, en longeant la ligne des anciens murs, l'on parvient à la place du Zocodover, où se condense la vie tolédane moderne, où plane pourtant l'ombre du passé : car c'est tout près que se trouve la pittoresque auberge de la Sangre, où Cervantes logea, et qui est toute pareille aux *ventas* qu'il a si souvent décrites dans son *Don Quichotte*. N'était la lumière électrique qui ruisselle avec une prodigalité américaine sur toutes ces pierres frottées de passé, on croirait voir surgir Maritorne de l'écurie où se mêlent les hennissements, les jurons, le cliquetis des chaînes et des harnais. La cathédrale, joyau de cette couronne dorée qu'est Tolède, est bien la reine de toutes ses sœurs d'Espagne ; harmonieuse dans ses proportions, riche de son décor, sa « capilla mayor » est aussi belle que le chœur de la cathédrale de Chartres, et la grille d'argent qui l'enferme est digne des murs, des piliers, des colonnettes, des statues et de ces guirlandes d'arabesques, véritable guipure d'art.

Un autre bijou est ce « San Juan de los Reyes », dernier mot de l'art gothique et dont les cloîtres sont uniques.

Quant à l'Alcazar qui vit passer les Maures, les Wisigoths, les Ibères et tous les rois catholiques, il a été si bien remué et défiguré par ses maîtres divers qu'il a l'air d'un étranger dans sa propre maison ; il ne paraît plus appartenir à Tolède, mais la vue y est toujours admirable sur les champs et sur l'abîme du Tage.

La flânerie dans la ville tortueuse et montante est un charme, malgré le pavage oriental ; à chaque coin de rue, à chaque pas, on découvre un coin inattendu et délicieux : ici un portique orné d'armoiries, là des volets arabes, plus loin des « patios » mystérieux et exquis, où éclate, sous de blanches arcades, toute une floraison exubérante mêlée aux sveltes palmiers africains. Les rouges géraniums, les œillets bigarrés, les capricieuses capucines s'accrochent aux vieux murs de brique rose, s'enlacent aux grilles de fer forgées par les armuriers-ferronniers tolédans. Et leurs couleurs vives mettent une note de gaieté dans les ruelles plus obscures, elles éclairent d'un sourire la porte la plus humble.

C'est à Tolède qu'il faut venir pour voir l'étrangeté de ce couvent de « San Juan de la Penitencia », installé dans une demeure mauresque. Sous l'auvent arabe, la lampe fidèle brûle devant l'image sainte, et dans le harem, la retraite où nul autre que le maître ne pénétrait, vivent de pieuses et chastes créatures qui ne connaissent que la volupté de la prière.

Et devant ces contrastes, on s'arrête, pris par ce je ne sais quoi qui nous étreint devant des choses qui ont été, que l'on a crues éternelles et qui passent : la vie, la beauté, l'amour. Seuls demeurent les souvenirs écrits sur la pierre ambrée, sur ce roc calciné sur lequel la ville du passé repose et qui durera encore quand nous ne serons, nous, pas plus que cette poussière impalpable qui flotte dans l'air doré et qui fut peut-être autrefois quelque conquérant glorieux ou la plus douce et la plus parfaite apparence féminine.

Sœur de La Mecque et de Bagdad, Cordoue et sa mosquée, perdues dans la verdure sombre de ses orangers, évoquent les contes des *Mille et une nuits*.

Après s'être perdu dans le dédale des rues étroites au pavé tumultueux, après avoir frôlé dans l'avenue nouvelle du Grand Capitaine une population pressée, pénétrer sous l'ardeur d'un jour de grand soleil dans cette mystérieuse forêt qu'est le temple arabe, c'est un de ces contrastes merveilleux qui font goûter un monde de sensations. Le ciel éclate dans son azur surchauffé, les orangers exaspérés exhalent la quintessence de leurs parfums, la vie palpite ; vous franchissez la Porte du Pardon, et c'est immédiatement le silence, ce silence impressionnant des choses mortes, le retour en arrière, l'arrêt dans le passé. Une hésitation vous prend devant ces 850 colonnes dont les doubles arcs superposés s'arrondissent sous la voûte qui remplace l'ancien et merveilleux plafond des Arabes. Dans quelle allée s'engager? On voudrait les parcourir toutes, on est attiré par ces fuyantes perspectives, comme le chevreuil incertain qui, à l'orée d'un bois, scrute l'horizon. Et quand enfin on se hasarde, on se perd réellement dans les fins réseaux des minces colonnes faites de porphyres, de marbres colorés et rares. Eperdu, on lève les yeux, et la coupole du vestibule du *Mihrab* vous éblouit avec son plafond constellé d'étoiles ; c'est bien dans la forêt profonde l'échappée attendue sur le mystère émouvant de la nuit.

Et puis, malgré vous, vos yeux reviennent vers le « Mihrab », attirés par ce saint des saints des musulmans, lieu terrible et sacré où était déposé le Coran entièrement écrit de la main d'Otman, et qui a vu tant de pèlerins en faire à genoux sept fois le tour. Fanatiques et extasiés, ils devaient rêver déjà du Paradis cher au Prophète, quand sous l'éblouissante clarté tombée de 7 425 lampes qui éclairaient la mosquée, ils aspiraient les parfums d'ambre et d'aloès qui montaient en volutes embaumées sous la coquille de marbre du plafond incomparable.

Bien qu'une cathédrale gothique ait été élevée en 1523 au centre de la « Mezquita », gâtant une œuvre unique au monde, l'âme la plus fervente ne peut prier sous ces voûtes féeriques ; les dentelles, les mosaïques, les fenêtres grillagées qui tamisent doucement le jour sont avant tout musulmanes, et la cathédrale reste prisonnière de la mosquée. Cordoue, vue à travers sa merveille, reste mauresque, et vous donne dans toute son intensité le frisson du passé, passé si vivant qu'il faut toute l'agitation d'une gaie soirée de printemps pour se convaincre que l'oiseau, ami des ruines, qui vient de vous effleurer de son vol pesant, n'a pas frôlé, avant vous le blanc vêtement d'un croyant attardé dans la demeure du Prophète.

Séville, Tolède, Cordoue, Grenade, vous n'êtes pas toute l'Espagne, mais vous la personnifiez si bien que vous semblez ses armoiries vivantes, avec votre ciel si bleu et vos sierras neigeuses, tours crénelées d'argent sur fond d'azur.

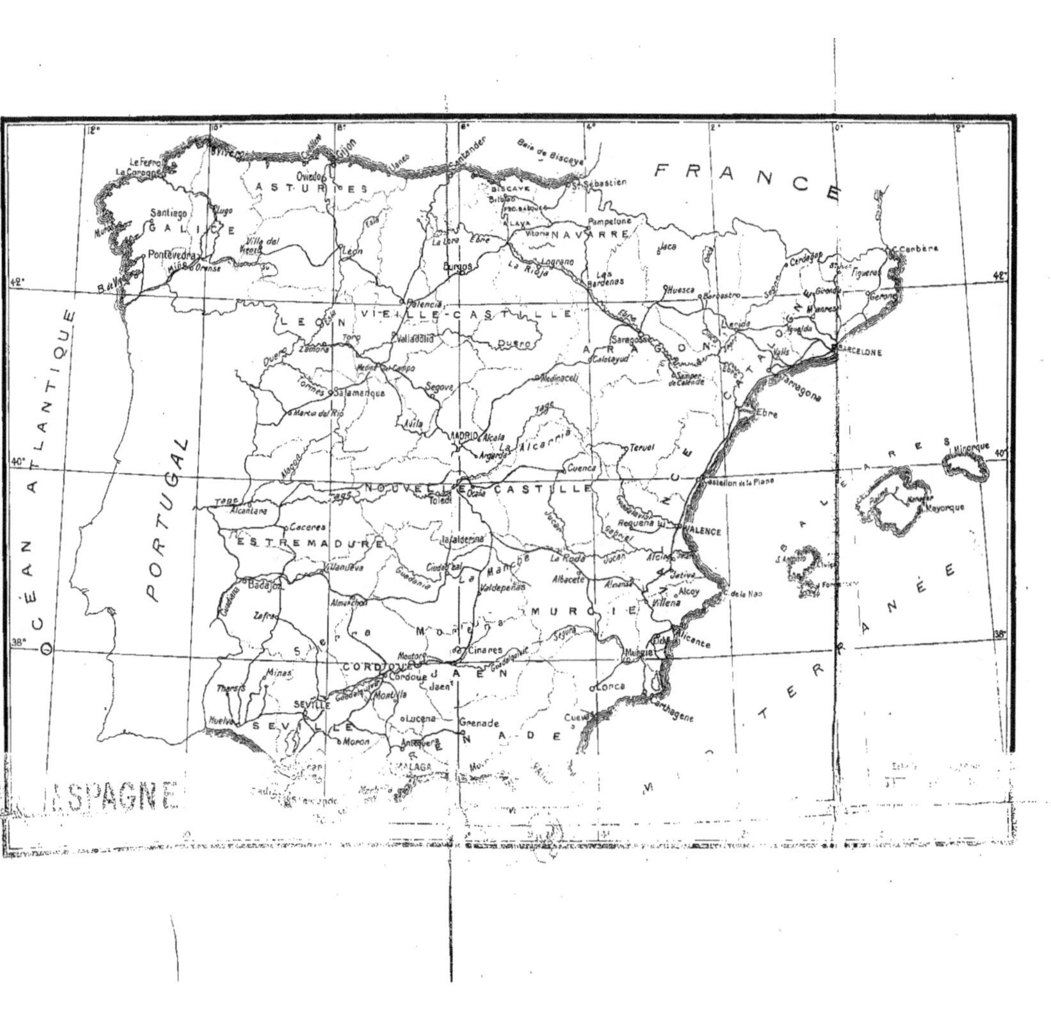

FRANCE
PORTUGAL
OCÉAN ATLANTIQUE
MÉDITERRANÉE
ESPAGNE
ASTURIES
GALICE
LEON
VIEILLE-CASTILLE
NAVARRE
BISCAYE
ARAGON
CATALOGNE
NOUVELLE-CASTILLE
ESTREMADURE
MURCIE
VALENCE
GRENADE
SEVILLE
JAEN
CORDOUE
BALEARES
ALAVA
Baie de Biscaye
Le Ferrol
La Corogne
Santiago
Pontevedra
Lugo
Orense
Oviedo
Gijon
Santander
St-Sébastien
Bilbao
Pampelune
Jaca
Vitoria
Logroño
Las Bardenas
La Rioja
Leon
Burgos
Palencia
Valladolid
Zamora
Toro
Salamanque
Tormes
Avila
Segove
Medina del Campo
Medinaceli
Huesca
Barbastro
Lerida
Saragosse
Calatayud
Teruel
Cuenca
Tarragona
Barcelone
Figueras
Gerona
Cervera
Duero
Ebre
Tage
MADRID
Alcala
Aranjuez
La Alcarria
Toledo
Ocaña
Castellon de la Plana
Requena
Cacères
Alcantara
Villanueva
Badajoz
Zafra
Guadiana
Ciudad Real
Valdepeñas
La Mancha
Albacete
Almansa
Jucar
Alcira
Jativa
Alcoy
Villena
C. de la Nao
Elche
Alicante
Murcie
Lorca
Carthagène
Cuevas
S. Martin del Rio
Sierra Morena
Cordoue
Jaen
Linares
Guadalquivir
Mont.la
Seville
Huelva
Minas
Lucena
Moron
Antequera
Grenade
MALAGA
Cadix
Mayorque
Minorque
Iviza
Formentera

TABLE DES MATIÈRES

Bibliothèque pratique de Droit. Economie politique

Comment on emploie son argent à la Bourse, par André MACAIGNE, docteur en droit, avocat à la Cour d'appel. Un volume in-16, broché. . . . . **5 fr. 50**

Manuel pratique de la Propriété industrielle et commerciale, par FERNAND-JACQ. Un volume in-16, broché . . . . . **6 fr. »**

Le Délit de mensonge, par André JACQUEMONT, avocat à la Cour d'appel. Un volume in-16, broché. . . . . **5 fr. 50**

Escrocs et Demi-Escrocs. *Etude pratique de l'escroquerie et du dol*, par A. JACQUEMONT. Un volume in-16, broché . . . . . . **5 fr. »**

De l'Association en participation, par Lucien ADOLPH, avocat-conseil de Sociétés. Un volume in-8, broché. . . . . . **3 fr. 50**

Manuel pratique des Sociétés anonymes étrangères, par Lucien ADOLPH, avocat-conseil de Sociétés. Un vol. in-16, br. . . **6 fr. »**

Manuel-Guide pratique des Fondateurs, Administrateurs et Actionnaires de Sociétés anonymes, par J. PRIEZ, chef de comptabilité, commissaire-censeur et administrateur de Sociétés anonymes. *Nouvelle édition mise à jour.* Un vol. in-16, broché . . . . **5 fr. 50**

Entre Employeurs et Employés : *Petit Manuel du contrat de travail*, par E. POURTIER. Un volume in-16, broché. . . . **3 fr. »**

Guide des assurés, par A. COUTANT :
    1° *Assurance-incendie.* Un volume in-16, broché. . . **2 fr. 50**
    2° *Assurance-accidents.* Un volume in-16, broché . . **2 fr. 50**
    3° *Assurance-vie.* Un volume in-16, broché. . . . . **3 fr. »**

Comment loger les autres et se loger soi-même à bon marché, par A. BOUR. Un volume in-16, broché. . . . . **3 fr. »**

Les Responsabilités civiles du propriétaire d'immeuble, par J. GUÉRIN et L. HERVÉ. Un volume in-16, broché. . . . **5 fr. »**

Des Réparations locatives. *Jurisprudence et pratique*, par Jean FUGAIRON, architecte. Un volume in-16, broché. . . . **6 fr. 50**

Comment on partage une succession, par L. PARISOT. Un volume in-16, broché, *avec appendice sur successions des militaires décédés*. **5 fr. »**

Guide du plaideur. *Comment on attaque, comment on se défend devant tous les tribunaux.* Un volume in-16. . . . . **5 fr. »**

Registre de situation foncière utilisable 3 ans. 1 registre cartonné. . . . . **6 fr. 50**

Traité théorique et pratique avec formulaire sur les rentes françaises, par L. GIRAUD, docteur en droit. Un vol. gr. in-8 de XVI-688 pages. Prix : broché . . . . **14 fr. »**

Manuel-Guide pratique d'enregistrement d'hypothèques et de timbre, par M. LE CLEC'H. Broché . . . . **14 fr. »**